家族をつなぐ　伝統をつなぐ　未来をつなぐ

『家庭料理の流儀』

中島カオル・著

はじめに

ありがたいことに、『目からウロコの料理教室ですね』
という言葉をよくいただきます。

私の料理の信念は
ただ単に料理のレシピを教えるのではなく、
料理の本質を伝え、実践し続ける環境をつくることです。

体にいい作り方、よい食材を知っているだけではダメ。
そして、いっときだけではダメ、実践し続かなくては意味がないのです。
『**継続は力なり**』浄土宗の宗教家の教えです。

私たちの体の細胞の一つひとつは、食べ物と水で構成されています。たとえば植木に間違った肥料を与えてしまって、栄養が不足したり多すぎたりすると、枯れたり腐ったりするでしょ。人の体も同じなのです。

まして小さなお子さんは自分で選ぶこともできず、母親から与えられたもので育つのです。

ね、考えてみてください。今の食生活でいいのかを。

何年か前に一人の女性が教室に飛び込んできました。

「先生、今からでもおそくない？」と言って。

当時八十歳の女性は胃腸内視鏡外科医・新谷弘実先生の著書『病気にならない生き方』の中に書かれていた「今からでも遅くない」という言葉を指さし「私でも遅くないかしら……」と。

本当に素敵な方だと思いました。彼女は一人暮らしで、ずっと仕事をされてきた職業婦人でした。お料理には自信がなく、食事はいい加減にしていたそうです。「本を読んで実践したいと思ったけど、実践の仕方がわからなくてどうしようと思っていたら、お友達に教室を教えて頂いたのよ」と。

ある男性は**「お味噌汁の作り方だけ教えてくれないか？」**と。

奥様を亡くされて、外食をしてはいたものの、もう耐えられず、家庭料理を求めて来られました。込みあげるものを感じましたね。

今、日本は『健康』というキーワードに溢れかえっています。テレビでサプリメントの宣伝を見ない日はなく、健康食品・スーパーフードと、全てを取り入れないといけないのでは……と思わせます。

今の時代だからこそ、自分の目で確かめ、見極めてほしいのです。

私は教室でお料理を始める前に、必ずいう言葉があります。

『今日は普段されている料理と比較しながら受けてみてください』。

今、私ができることは時代の移り変わりを知る人間の一人として料理の本質を伝えることです。できるなら……とか、少しずつでもいいから……、なんて甘い言葉は言いません。

『料理をしなさい！』の一言です。

もくじ

第3章『料理教室の原点』

第4章 家族をつなぐ 伝統をつなぐ 未来をつなぐ『料理の流儀』

第5章『私が元気で過ごせる理由』

第6章『旬と暮らす十二か月』

第 1 章

食の基盤

■自然の味を知ることの大切さ

『先生の作るお料理は食材本来の旨味を感じることができますね』とか『自然の味・懐かしい味がしますね』というお言葉をいただきます。

わたしが子供のころは、好き嫌いのような贅沢なことは言えないし、出てきたものをみんなで一緒に食べていました。

しかも、その料理は、近くの畑でとれた野菜が中心で、そこに魚があったり、たまに肉があったりでした。

だから、キャベツには「こういう甘味がある」とか、キュウリは「ちょっと苦みはあるけれどみずみずしい」など、自然と素材の味がわかっていたのです。

また、おばあちゃんが板台で小麦粉を練って作る手打ちうどんを、いつも食べていました。おばあちゃんは何歳になっていたのでしょうか、腰が曲がっていましたが、いつも嬉しそうに手打ちうどんを作ってくれました。庭の柚子を摘みに行くと、まだ柚子はできてなくて、だから柚子の葉を摘んで、それをどんぶりに入れて待つのです。その味は今でも懐かしく忘れられない味です。その思い出と、おうどんの〝つるんっ〟

としたあの食感、柚子の何とも言えない爽やかな香りは、今でも鮮明に脳裏に焼き付いています。

また、松茸狩りにもよく行きました。今みたいに松茸が一本何千円もする時代ではなくて、まつたけ山で籠いっぱい採ってきたのを炭火で焼いて、大人の人たちが食べるのと同じように、柚子ぽんをつけて食べていたわけです。柚子ぽんと言っても、今みたいに市販の瓶に入った「柚子ぽん」ではありません。柚子の絞り汁とお醤油とを混ぜて、それをつけて食べるのです。いまだにその味は忘れられないです。

そういう自然の中にできた野菜や果物を、そのまま自然に食べる暮らしをしてきたので、本物の味を覚えたということが、財産なのだと、つくづく思っています。

だからこそ『**小さい子供のうちに本物の味・自然の味を食べさせてあげたいと**』思うのです。そういう思いで、料理教室をはじめたので、自ずと自然の素材を生かした料理をするようになりました。

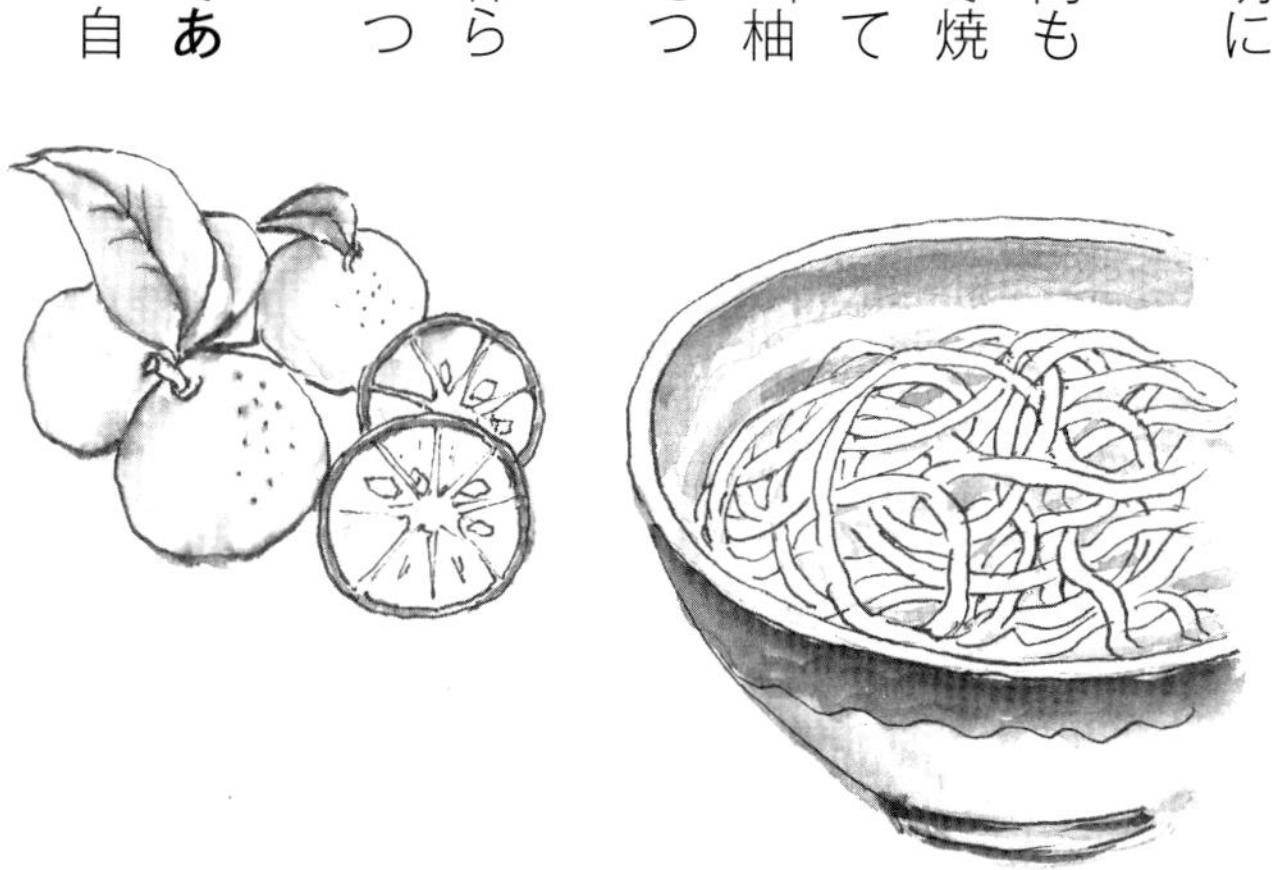

■父と母からの影響

今日、こうして料理教室をしているのは、父はお酒が飲めず、その代わり食道楽だったことで、子供のわたしたちも小さい時から色々なものをたくさん食べてきたというのが影響しているのかもしれません。

わたしたちが「何々が食べたい」と言ったら、それを買ってきて食べさせてくれたのです。また、父は伊勢の人だから、伊勢海老とかお魚とか鮮度のいいものを食べて育っていたので、食に対してのこだわりがありました。だから、魚釣りをして、釣ってきたのを食べさせてもらったり、自分で捕ってきた鰻をさばいて蒲焼にしたりと、色々と食べさせてもらいました。そういったことを父がしてくれたことも、食に対する興味を持つに至った要因だと思います。

母は、とくに料理の勉強をしたわけでもないのですが、代々受け継がれてきた田舎料理をつくって食べさせてくれました。田舎料理といっても、特別凝ったことをするわけではなく、自然でシンプルな料理、つまり、お惣菜でした。母のつくったお赤飯や、山菜ごはんなどを食べて「ああ、これはこんなにおいしい」と子供心に思いなが

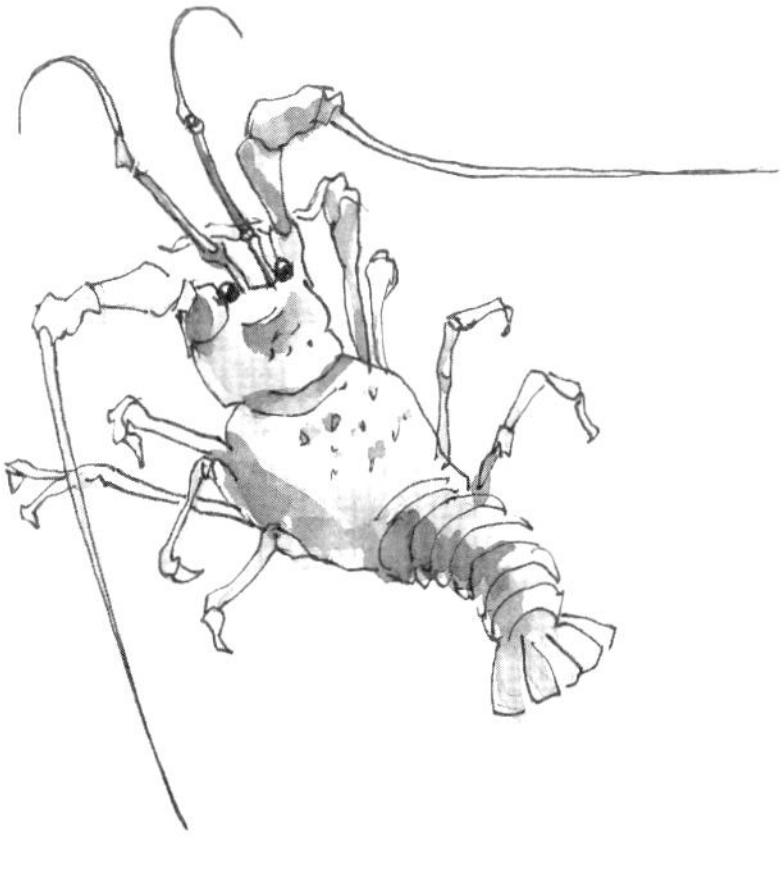

ら育ったことが、今教室で教えている料理の味の原点になっていると思います。

また、岡山では「祭り寿司」といって、ちょっと派手なちらし寿司がありました。生ものは入っていないけれども、野菜たっぷりで、今でも姉妹が集まると**お母ちゃんのちらし寿司**と言って、みんなで作って食べるのが慣例になっています。

誕生日や、クリスマスなど、みんなが集まる時は、お寿司がつきもの。いちばん懐かしい**忘れられない母の味です。**

■身土不二という教え

『身土不二』という言葉をご存知でしょうか。

「とにかく、自然で生まれ育ったところのものを食べるのが一番身体に合っている、これを身土不二《しんどふじ》というのだ」と父がいつも言っていました。

身土不二とは、人間の身体と土地は切り離せない関係にあり、その土地でその季節にとれたものを食べるのが健康に良いという考え方です。この考え方は、明治時代に石塚左玄《いしづかさげん》（１８５１年～１９０９年）が広めた考え方だと言われています。石塚左玄

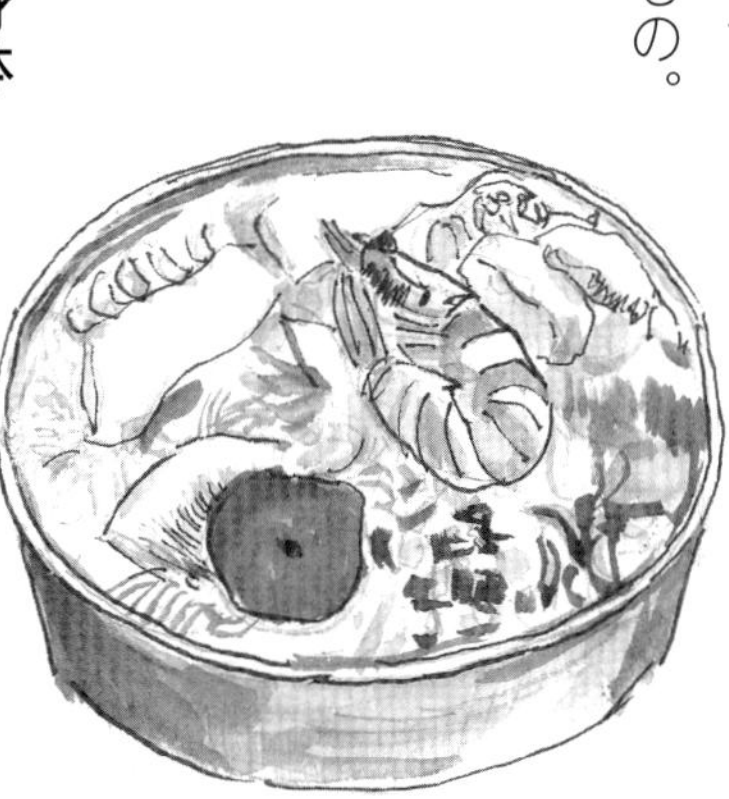

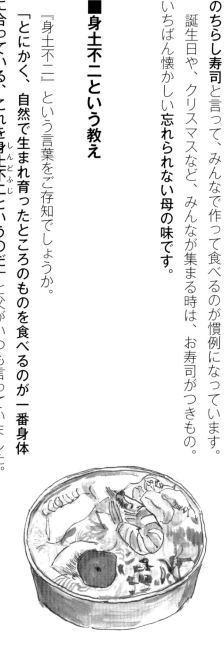

は陸軍で薬剤監、軍医を勤めました。その後、玄米・食養の指導によって病気を治しました。食物と心身の関係を理論的に確立して、医食同源であるという考え方のもとに食養を提唱しました。また**「体育智育才育は即ち食育なり」**と言い食育を提唱し、食育食養を国民に普及することに努めました。

残念なことに戦後、学校教育の場では「知育・徳育・体育」というのが教育の三本柱ということになり『食育』が置き去りにされていて、やっと2005年に『食育』が見直されるようになったのです。

仏教に「身土不二」という言葉があり「しんどふに」と読みますが、身（正報《しょうほう》）と土（依報《えほう》）の二つは切り離せないという意味だそうです。

わたしたちが就職をする少し前は、集団就職のことを新聞やニュースで見たことがあります。都会に就職すると、大勢の人が病気になって里へ帰ったのです。何の病気かというとビタミンが足りなくて「脚気《かっけ》」になったというのです。当時都会では、白米を食べていたのでビタミン不足で脚気になったのです。田舎では麦ご飯でしたので……。江戸時代にも『江戸わずらい』と言って6万人もの人が脚気でなくなっています。

父がその時に「よその土地で物を食べたら水が合わない」と言いました。水が合わないというのは、ただ飲む水が合わないのかなと、子供の時は思っていたのですが、そうではなくて、食べるものが自分の育ったところのものではないものを食べるから、身体に合わないという意味だったのです。「その時はお豆腐を食べろ」とも父は言っていました。お豆腐には「にがり」があるからかな、と思っていましたが、その土地の水で作っているから、その水に慣れろという意味でもあったのですかね。

■「家族の絆の原点」と「躾の原点」は食事にあり

かつて、食事というのはお父さんがいて、家族そろって食べるのが当然でした。誰一人も抜けるということがなかったのです。

今は、父親が働いて帰ってくるのが遅いので、家族そろって一緒に食事をすることがほとんどありません。それは、仕方のないことです。しかし、親と子の原点、絆づくりはやっぱり食事にあると思います。

食事の時間は、ある意味〝躾〟をする時間でもあります。

明治生まれの父はいつも物差しを傍らに置いていました。姿勢が悪かったら背中にサッと入れられたり、ピシャッと叩かれたりしていました。外で思いっきり遊んで帰ってきたら、わたしは眠たくて、ご飯の時間になるといつも居眠りをしていました。だから、よく怒られたのです。

『食べる時は行儀よく、きちんと座って、姿勢を正して食べるのが基本です』

今はテーブルで椅子に座って食事するのが普通ですが、「いただきます」「ごちそうさま」もちゃんとしなかったり、足を組んでみたりと食に対しての感謝の気持ちが薄れて、食べられるのが当然だと思っているところがあるのでしょう。

昔はそうではありませんでした。かしこまってきちんと座って「いただきます」「ごちそうさま」これはもう当たり前のことです。

わたしには弟がいましたが、弟は家の長男で、年がいくつ下でも魚は尾頭つきで、父はいつも「冷や飯は食べさせるな、出世しない」と言っていました。そんな中で育ったことで、食事こそが、家族の絆の原点、社会に出て一人前の人間としてふるまえる原点になっているのです。

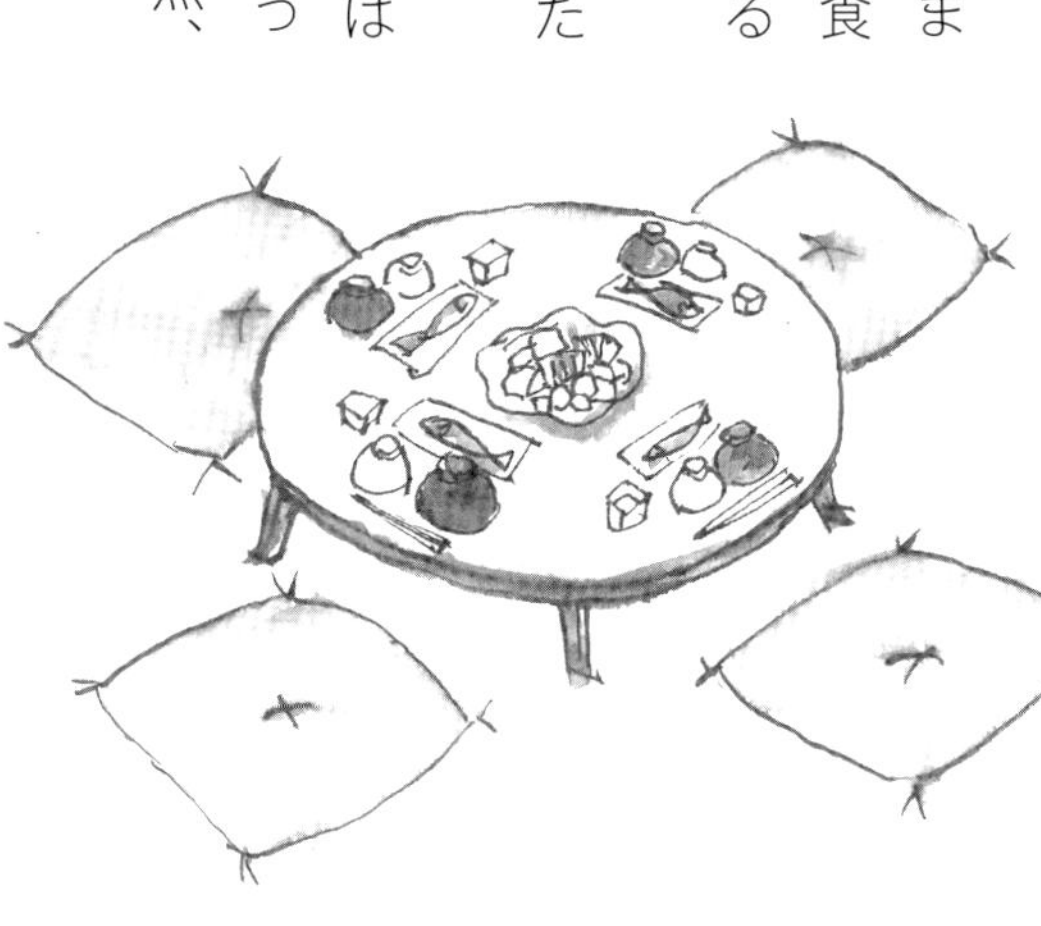

第2章

崩れる日本の食文化

■メタボという言葉がもてはやされた時代

料理教室を始めたころというのは、日本はいわゆるバブル時代でした。経済が豊かになり、食も豊かさを通り越して、過食と飽食の時代になりました。男の人は病気になるようなものを夜遅くまで、毎日のように食べたり飲んだり、生活習慣が乱れて糖尿病になる人も多くなりました。

生活習慣の乱れで糖尿病になる人は、明らかに糖尿病になる食べ方をしています。なるべくして病気をつくっているのです。

糖尿病は、わたしに言わせたら自業自得です。そういう生活のつけが、のちにメタボリックシンドロームという言葉で象徴されました。

そういう時代の流れで、健康な料理が注目され始めたのが1990年代後半からでしょうか。人の体は結局『食』でできています。その『食』が体にいいか、悪いかは人が生きていく上では大きな問題です。

ですから、教室では、悪くなった体の体質改善をするために、

【健康は愛情のこもった手作り家庭料理から】と、謳ったわけです。

■過食と飽食の時代背景

バブル時代は、給料も何もかもワーッと上がったのです。そうしたら、価格が高く手に届かなかったものが、みんな簡単に手に入る。お金を出せばなんでも買える時代に変わった。それが美食、飽食の時代。その中心が肉食志向だったように思います。

戦後、貧しく食べ物もなく粗食で過ごしていた日本国民は、みんなお肉を食べるのが豊かさの象徴みたいなところがあったのです。だから、経済がよくなるのと同時に、美食に走ったのだと思います。

母は大正5年生まれですが、母の時代は粗食で過ごしています。戦前、戦後のどさくさで、配給の時期が多かったのもあり、たぶんそんなに食べるものがなかったと思います。クーポン券で配給などがあり、それで食べ物と交換したりしていました。

母はそういう時代を過ごし、食に対するあこがれ、願望のようなものがあり、バブルに入ったころには贅沢で美食でした。「そんなんばかり食べていたらだめよ」と言っても「いいの、好きなものを食べて早く死んでもかまへん」と、ポンと言ったことがあります。

私たち三姉妹も、家に帰るときには、母にお土産でお寿司、お菓子、甘いものなど、色々なものを買って帰っていました。結局、その後母は太り、病気になったのもわたしたちの責任だと思うのですが……そんな時代でした。

■カロリーという概念

わたしたち子供のときは、粗食で栄養が足りないから、栄養失調になることも多く、目が見えなくなった子もいました。でも、戦争で負けてアメリカから横文字の物資が入るようになり、徐々に食べ物も増えて肉食に変わっていきました。同時にドイツ栄養学のカロリーという概念も入ってきたのです。

当時は明らかに栄養価が足りないから、肉は栄養があって体にもいいとなったわけです。しかし、カロリーはドイツ栄養学からきたものですから、日本の風土とは違います。緯度はドイツが日本よりはるかに高く寒い国です。だから、食べるものが違うはずなのです。ドイツ人は身体に肉をつけ、脂肪をつけないと寒さに耐えられず体力がもたないわけです。

日本には四季があって、日本の食文化があり、農耕民族ですから、その四季折々の季節のものを食べるのが一番だと、わたしは思っています。

かつて祖母は、**「四つ足は食べないよ」**といつも言っていました。四つ足とは家畜の馬・牛のことで、畑や田んぼを耕してくれる労働力で、家族同様でした。

だから、鶏は食べるけれども家畜は食べない、というのが昔からの考え方だったと思います。それがいつのまにか、牛も食べ、馬も食べ、鹿も食べ、もう何もかも全部食べるようになってしまいました。

日本では秋は冬に向けて**「天高く馬肥ゆる秋」**、実りの秋でしっかり食べて、身体に脂肪を巻いて冬に備えます。そうして1月、2月は農作業もほとんどなく、春になったら活性するというのが自然界の法則だったのです。動物の冬眠と一緒ですね。

春には活性していろいろな新芽が発芽して、夏になったら夏痩せして、また実りの秋になって栄養を蓄えるというのは、自然の法則から考えたら当たり前のことなのです。その一年の繰り返しのなかで日本人は旬を大事に過ごしてきたので、栄養のカロリー計算をすることもなかったのだと思います。

だから西洋文化が入ってきて、カロリーから見ると日本人は、高カロリーの食品やお肉をほとんど食べていなくて……となって、日本食は栄養価が低く、カロリー不足になり、栄養失調になるのだ……ということになったのです。

栄養をつけるということが重要になり、そこで、みんなが牛乳を飲んだり、バターを食べたりと、動物性のカロリーの高い食品を食べて、結果として身長が伸び、体格がよくなり、今では西洋人に劣らないくらいになっています。

■核家族化による食習慣の変化

食卓に集まって食事をすることが、極めて少なくなっている大きな原因は、やはり核家族になったということでしょうね。核家族になって、目の向け方が変わってきたのではないかと思います。

戦後は食が急速に欧米化して、食事のスタイルが、お膳や卓袱台《ちゃぶだい》からテーブルに変わり、食べるものは横文字のものが入ってきたというのが一番の違いでしょう。

わたしは、その変化の過渡期に育ち、学校では給食が始まったころです。最初はご飯で和食のおかずが中心でした。しかし、途中からパンになり、おかずも洋風になりました。家庭の料理も同じように変わりました。それと、女の人が働きだし料理をしなくなってきたことは、食習慣の変化に大きな影響を与えています。

わたしたちが子供の時は「加工食品」はなかったので母親が全部、何もかも手作りしていたわけです。なかには、お母さんが食事を作らないで店屋物をとって食べている家庭もありましたが、それはごく稀なことでした。ほとんどの家庭では料理は母親がつくるのが当たり前のことでした。これは食だけではなくて、衣・食・住、全部がそうでしたね。

着るものもお母さんが縫って、破けても、古布を当て繕い、お布団も毎年、綿を打ち直したりと。子供はそんな母親の姿を見て、真似して手伝って育ったのです。

だから、子供は必ずお母さんのお手伝いをしていました。料理が下手とか上手とか関係なくお手伝いをしたのです。そうして、お父さんが働いて帰ってきてみんなで食事をしていました。このように、家族そろってきちんと食事をするという習慣があったのです。当然、そこでみんながそれぞれの話をして、家族の事情はみんなが共有することができました。

最近では、そういった生活スタイルは少なくなり、みんな時間がバラバラです。お父さんは夜が遅く、お母さんも働いている家庭が多く、時間がないからと、料理をきちんとつくることもなくなりました。子供たちは塾があったり、学校ではクラブがあったりと、それぞれに忙しくなりました。

そうするともう家族一緒に食事しながらの一家団欒はなく、それぞれが、自分の都合のいい時に食事をするのが現実だと思うのです。

しかし、家族そろって食事をする時間こそが、家族のコミュニケーションの場であって、仲良くいろいろな話も出るし、聞いてあげることもできるのです。残念ながら、現在は、その大事な時間が失われつつあるように思います。

■加工食品の氾濫による味覚障害と不自然な卵

寿司を食べながらジュースを飲んだり、料理にマヨネーズをかけたりする子供が多くなっています。信じられない嗜好ですが、いまでは驚くこともなくなりました。

これは味覚異常といえますが、病気だとは言えません。現代の子供たちによく見られる異変の一つですね。味覚異常は亜鉛が不足して起こると言われています。亜鉛は細胞の新陳代謝に欠かせないミネラルで、不足すると舌の突起（味蕾）の新陳代謝を減退させます。これが、味覚異常につながっているというのです。亜鉛が不足すると軽い鬱状態になることもわかっています。

そして、亜鉛不足は現代の食生活の影響ではないかと指摘する人もいます。普通の食生活をしていれば亜鉛不足にはならないのですが、インスタント食品やハンバーグなどの加工された肉に添加されているリン酸塩は、亜鉛の吸収を妨げます。こういう食事が好きな子供ほど、亜鉛が欠乏し、味覚異常になりやすいと言われています。

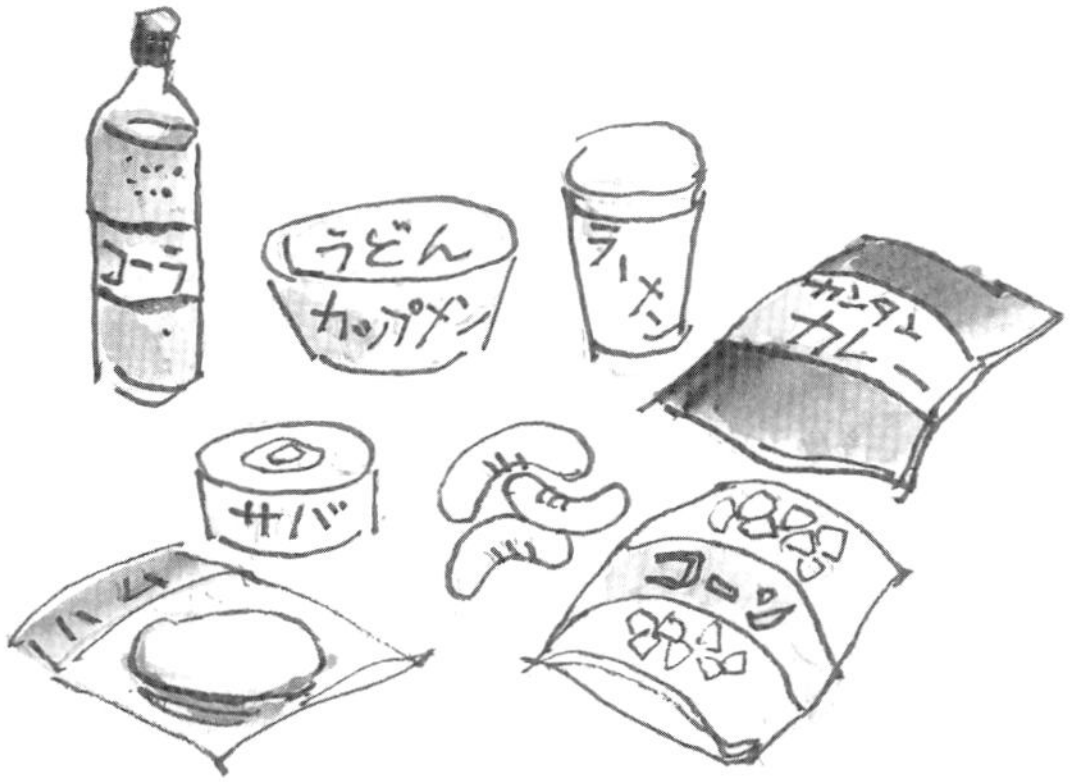

加工食品が数多く出回りだしたのは、わたしが二十代のころからだと記憶しています。

はじめてスーパーができたのも同じころだったでしょうか。スーパーに並んでいた卵を見て、卵が同じ大きさなのにびっくり、形がきれいなのにびっくり、真っ白で、日にちのマークが貼ってある。**「これは何?」**と思ったのです。

それまでは、平飼いの鶏の有精卵を買って食べていましたから、そういうものを目にしたことがなかったのです。鶏の卵は、自然ですから、色んな形の卵があるのです。当然、色も様々で、決まった形の同じ大きさの同じ白いものができるはずがないのです。「これは偽物?」と思い、最初は手が出ませんでした。

わたしは子供のころから、滋養をとるために、いつも卵を食べてきたのです。

『卵が大好きなのです』だから、卵を毎日食べる習慣があって、多い時には三つくらい食べるのです。「これを食べたらコレステロールが上がります」と言われても「そんなもの上がらない」と言っていました。有精卵を食べても一切上がったことがないのです。昔はお見舞いに持って行くのも卵。何か具合が悪くなったら滋養のために卵を食べました。

家で鶏を飼っていたから、産みたての卵でまだ生温かいものも食べたこともあります。そのようにして育ったから、今出回っている卵の不自然さがわかるのですが、そういう体験をしていない人にとっては、スーパーに並んでいる卵が自然のもので、健康にもいいと思っているのです。

養鶏場の現状は、電気をつけたり消したりして、一日に二個も三個も産ませています。しかも、マイシンなどの抗生物質が入った餌を食べさせています。とても怖ろしい現実です。これは、この社会の歪みであり、向かっている方向が間違っているのだと思います。

■砂糖の怖さ――『百害あって一利なし』

今はちょっと糖のとりすぎです。

現代の子供のおやつは糖分だらけで、砂糖はあらゆるものに含まれています。それも精製した白糖が入ったものを食べています。チョコレートや菓子パン、ケーキ、クッキーなど、そしてジュース、炭酸飲料には多量の砂糖（糖分）が含まれています。明らかに糖分のとりすぎで身体にいいはずがありません。

何年かほど前に『おふくろの味、この一品』というタイトルでテレビの料理コーナーに講師として出ていた時があります。その撮影でお料理に白砂糖を使う際に、**「白砂糖は、百害あって一利なしです」**とわたしが言ったら、プロデューサーをはじめスタッフがみんなバーッと寄ってきて「カット」と言うのです。「先生、そこは止めてください。砂糖の会社もスポンサーだからそれは言わないでほしい」と。

公に放送されるとなると、いろいろな絡みがあって難しいですが、やっぱり白砂糖は、

『百害あって一利なし』です。

今、キレる子供が増えていると言われていますが、次のコラムで紹介するように、砂糖のとりすぎが一因になっているという調査結果があります。また、乳製品や白砂糖などは食物アレルゲンだとも言われ、アレルギーの原因にもなることがあります。

もちろん、子供たちがキレる原因には時代背景や親子関係など社会、教育、家庭が絡み合っていることも挙げられるでしょう。

しかし、食生活も大きな要因であることは間違いありません。

食事は心身の健康をつくる大きな柱です。食事によって、筋肉や骨はもちろんですが、心を支える脳や神経、ホルモンなどもつくられており、たんぱく質、糖質、脂質、

ビタミン、ミネラルなどの微量栄養素が必要です。

子供たちはこれらの栄養バランスが崩れています。小中学生に「好きな食べ物は？」と聞くと、カレーライス、ハンバーガー、スパゲッティ、ラーメン、焼き肉、ジュース、アイスクリームなどが上位にランクされます。

わたしの子供のころのおやつというのは芋や果物でした。それにも十分な糖分は含まれていて、不足するということはありません。ただ、お砂糖がほとんどなかった時代でしたから、砂糖は非常に珍しく貴重でした。砂糖は瓶に入れて置いてあるのだけれど、キラキラ光っていて、甘いことはわかっているから、子供心に食べたくて、仕方がなかったのです。

ある日、お砂糖をちょっともらって半紙に乗せてなめていたところ、その砂糖を父が顕微鏡で見せてくれたのです。何が見えたかというと、その砂糖の中に小さな虫がたくさん群がっていたのです。

父は、**「だからこれは食べたらあかん」**と言ったのですが、わたしも**「これは食べたらあかんものだ」**と心から納得したものです。

■食品添加物の役割と過剰摂取

食品添加物はごく少量、食品に加えるだけで様々な役割をする物質です。その添加量等は食品衛生法によって厳しく決められていますから、食品添加物の摂取だけで病気になることはないとされています。

しかし、わたしは大きな疑問を持っています。その疑問について述べる前に、食品添加物の役割を見てみましょう。

食品添加物の主な役割は四つです。

1．食品の品質低下（腐敗したり、変質したりするのを）防ぐ、保存料、酸化防止剤、防かび剤など。

2．食品の見た目や、味や香りなどをよくして、食品の品質を向上させる、調味料、甘味料、着色料、酸味料、香料など。

3．食品の栄養価を高める、栄養強化剤など。

4．食品の製造、加工に必要な、安全乳化剤、膨張剤、増粘剤など。

このようにみると、結局は食品を長持ちさせるために使われているのがよくわかります。それは、地産地消、身土不二の言葉のような食生活が難しい環境になったことにも原因がありそうです。また、世界中の食材が手に入る時代ですが、世界各地から食材を輸入するには長持ちさせるしかありません。そのために、３０００種類もあると言われる食品添加物を使用しているのです。

『食品の裏側』という本が２００５年ごろにベストセラーになりました。著者の安部司さんは企業の添加物のソムリエだったのです。ジュースをつくったりするのも食品添加物をポンと放り込んで、10分もかからないうちにできることなどを書いています。

安部さんが会社から家に帰った時に、自分の子供がレトルトのミートボールを食べていたのです。それを見てびっくりして「ああ、こんなものを食べていてはダメだ」と直感して、目が覚めたというのです。安部さんは添加物の専門家で、レトルトのミートボールの肉はクズ肉で、着色料や保存料まみれだと知っているわけです。

そうして、添加物追放の運動をしていろいろな講演で回っておられたのです。わたしはその話を聞く機会がありました。講演の中で、大根を液体の中にポンと放り込んだら、すぐに漬け物ができるわけです。そんな恐ろしいことを、考えたこともなかったので衝撃でした。市販

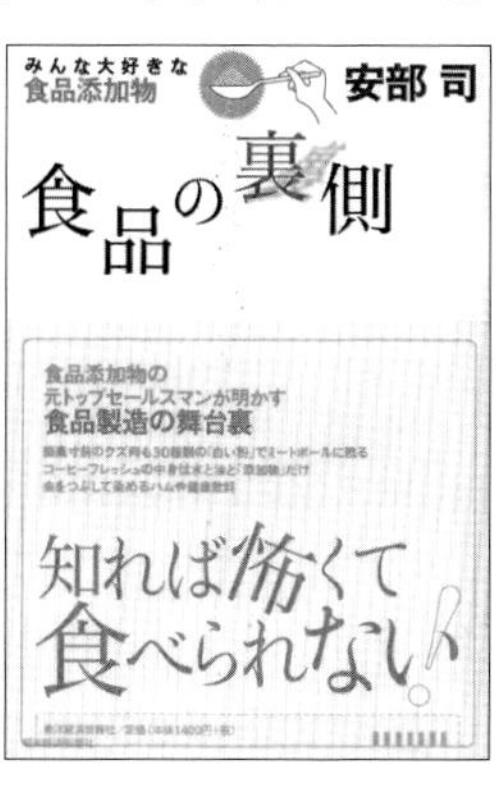

されているもので食品添加物の入っていないものはないと言ってもいいと思います。

そこで疑問がわきました。**一つひとつの食材は基準内だとしても、添加物の入ったものをたくさん食べたらどうなるのかしら……と。**

◇コラム…キレる子供たち

『食原性症候群』の著者である大沢博氏によると、少年院に入っている子供たちに聞き取り調査をした結果、入所前の食事には一定の傾向があることがわかりました。大沢氏が調べた子供たちの食事内容は、以下のとおりです。

まず、朝食はほとんどの子供が食べていませんでした。昼食は、給食以外の日はカップラーメン、甘い菓子パン、ハンバーガーなどで、間食として清涼飲料やアイスクリーム、スナック菓子の大量な飲食が目立ちます。さらに夕食は、焼き肉、ハンバーグなどがほとんどで糖質（ご飯やパン、麺類、砂糖）が多く、野菜が極端に少ないということです。栄養素でいうとカルシウムやビタミンB_1が不足しています。また、砂糖のとりすぎが目立ちます。この食事傾向は非行少年に限ったことではありません。多かれ少なかれ、いまの子供たちにも共通していて、この**食生活がキレる子供たちが増えている大きな原因**と言えるでしょう。

最近は、脚気になる子供が増えているという報告もあります。脚気は、ビタミンB_1の不足によって起きるのですが、偏食をしなければ極端に不足することはありません。

ところが、砂糖を大量にとると、ビタミンB_1が大量に消費されてしまうのです。脚気が、清涼飲料を一日に1リットルも2リットルも飲む若い世代に多いのが頷けます。

ビタミンB_1は糖質の代謝を円滑に行うために欠かせないビタミンです。ご飯やパン、麺類などをエネルギーに変え、体内、とくに脳の中枢神経が円滑に働くために役立っています。ところが、砂糖を大量にとると代謝のためにビタミンB_1が動員され、一時的に脳を安定化させますが、インスリンによってすぐに低血糖状態に変わってしまいますので、ビタミンB_1が不足して脳への栄養を送り届けることができなくなります。これが、精神的な不安定やイライラなどを引き起こす原因です。

低血糖と暴力傾向

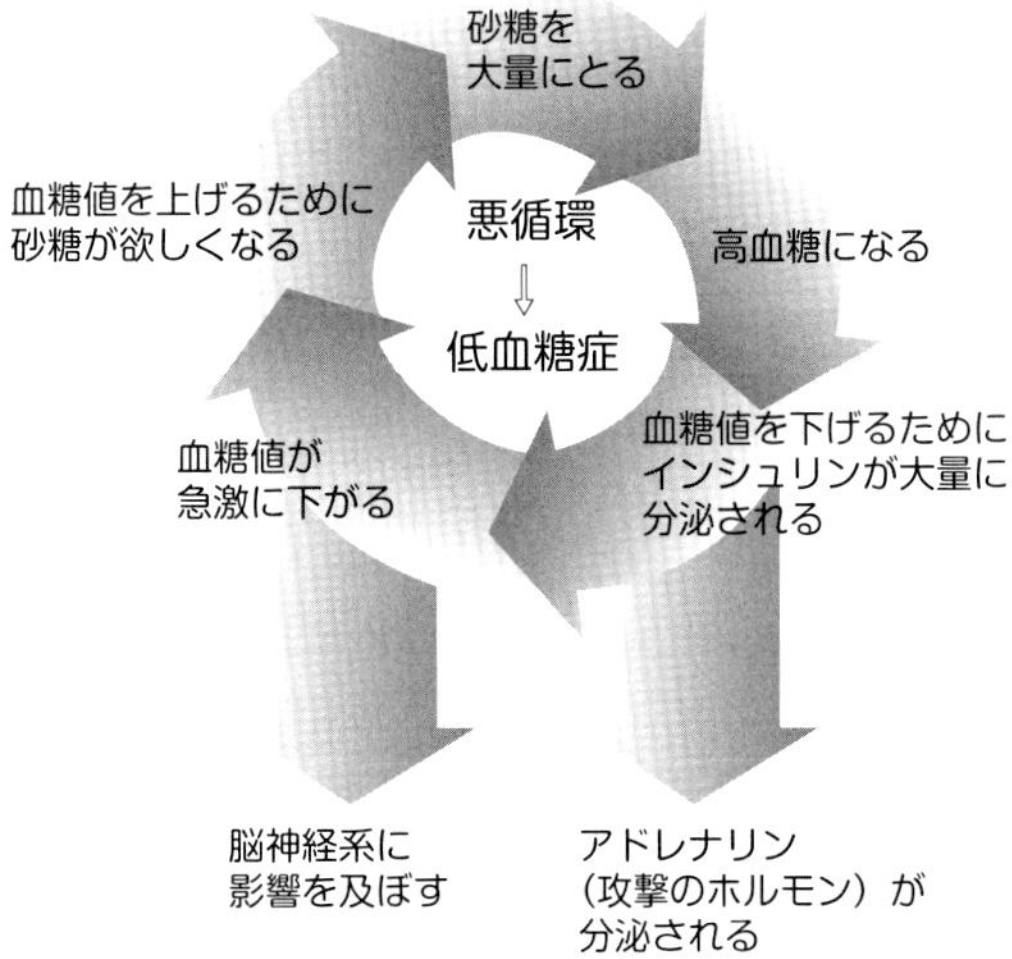
砂糖を
大量にとる
高血糖になる
血糖値を下げるために
インシュリンが大量に
分泌される
アドレナリン
(攻撃のホルモン) が
分泌される
脳神経系に
影響を及ぼす
血糖値が
急激に下がる
血糖値を上げるために
砂糖が欲しくなる
悪循環
⇩
低血糖症

第3章

料理教室の原点

■自然の中で育つ

わたしの家は大阪にありましたが、わたしは昭和十七年に岡山県高梁市《たかはし》成羽町で生まれました。成羽町は小さな城下町ですが、山あり川ありの自由で活気ある町でした。そして愛宕山《あたご》を見ながら自由にすくすく育ちました。第二次世界大戦のころには、母の里、岡山の高梁で生活していました。それから小学校一年の二学期くらいまでは、そこで暮らしました。

その当時、母の実家にはおばあちゃんが一人で暮らしていたので、疎開して母がおばあちゃんを助けながら生活をしていました。わたしは、山や野原の中で自由に、そして、のびのびと遊んでいました。四季を見ながら、とにかく自然の中で育ったのです。

大阪にいたら食べるものに困っていたと思いますが、岡山では、畑のものがあったり自生している旬の果物があったりで、食べるものに困ったことはありません。

秋には山に行って、松茸狩りもしました。当時はまつたけ山があり、松茸がどういうふうにして生えているかも、この目で見てわかっているのです。

また、果物も、ビワがあり、桃があり、栗があり、柿があり、いろいろなものがたくさんありましたから、おばあちゃんと一緒に採りに行って、何不自由なく暮らすことができたのです。

とにかく、今のように市販されているものを買って食べた記憶がありません。もちろん添加物の入ったものを食べたことはなく、自然のものをいただいて育ったわけです。そんな子供時代に養った味覚を、五感でしっかりと覚えているわけです。

その幼少期の経験こそが、自分の健康の基《もと》、そして、食の基になり、料理をする基にもなったのです。

また、お正月にはお餅をついたり、御屠蘇《おとそ》を飲んだり、おせち料理をしたりと、それを見て手伝っていました。さらに、お雛様や端午の節句など、それぞれの節会《せちえ》料理をつくっていて、そういう中で育ってきました。だから、こうだからこれをやらなければいけないという理屈ではなくて、自然の中で身に付いたことが、今、すべてにおいて役に立っているのです。

■食と躾…厳格な父

自然の中で育って、食に関する感性も育てられましたが、もう一つ大きく影響を受けたのは、神官である父でした。

父は明治生まれの人で、とても封建的な考え方で躾にも、大変厳しかったのです。また、年中行事や習慣、しきたりは、きちんとしなければいけないという考え方も持っていました。

また、父は東洋医学的な考え方の持ち主で、漢方の資格も持っており、**病気を治すのは薬ではなく、食べるもので治すことが基本**だと、常に言っていました。

そして、身体は食べ物からできているから、**身体を冷やさない食べ方と、きちんとした生活をすることが一番の健康につながる**とも、言っていました。

そして、**病気になったら過去の生活を振り返るようにとも**……。

わたしは、父から教わったそうしたことをきっちりと守り、だからこそ、今元気で過ごせているのだと感謝しています。

■嫁入り修行

少し時代は飛びますが、わたしが料理を勉強した時期がありました。それは、花嫁修業として日本割烹学校に行った時のことです。父はとにかく女の子は料理と洋裁、和裁、お花、お茶、全部習得しないといけないと言って花嫁修業をさせたわけです。日本割烹学校は三年ほど行きました。辻調理師専門学校の前身です。また、洋裁学校にも通っていました。だから嫁入り修行で、ほとんど一週間が埋まって忙しい毎日でした。

昔は免状箱というのがあり、それに資格の免状を全部入れて、お嫁入り道具と一緒に持っていくのです。形は嫁入り修行だったのですが、わたしの性格上、なんでもやりたくて、**全てのことに興味があり、人には負けたくなくて**、たくさん資格を取ったのです。

物事をやるというのは自分の考え方次第で面白くもつまらなくもなりますから、途中で挫折することなく、やればやるほど面白味がわいて、楽しく続けました。

その中で、料理とともに興味がわいたのはお習字。それは子供の時から字を書くことや、絵を描くことが好きだったのです。母が巻紙に筆で手紙を書いていたので、その影響もあったと思います。そういったこともあり、結婚して子供ができてからも家族が寝静まってから、練習をしたり勉強したりと、その結果、書道家【春潮《しゅんちょう》】という雅号もいただきました。

■子供への料理の工夫

当時、周囲は25歳くらいまでには結婚をして子供も二〜三人いるのが普通でしたが、わたしは25歳を過ぎて結婚したので、そのころは、いろいろな所へ行って食べ歩きをして「これはこんなものだ」とか「ここのはすごくおいしい」とか、なんとなく料理学校の延長で食べ比べをしていました。

そのあと子供が生まれたので十年ほどは子育てに追われていました。38歳くらいからだったと思いますが、家に友達家族をよんで料理をつくって楽しむようになりました。また、一緒に「今日のお昼はこれをしよう」とか「あれをしよう」とか、楽しみながら料理をしていました。

実は、長男は子供のころピーマンが嫌いでした。色々と工夫しながらお料理をすると、よく食べるようになりました。もともと食べることが好きな息子は、テーブルも汚さないできれいに食べていました。きちんとナプキンを持って、口をきれいにシャッと拭いています。「ごはんよっ」と言うと、テーブルにも真っ先に座って、食べ終わるまでは動きません。同じ年ごろのお友だちはウワーッと口のあたりがぐちゃぐちゃになって、動きながら食べる子もいましたね。

お母さん方は、子供があまり食べないからつくらないと言うのです。それで、子供たちを私の家へみんな集めて、わたしが食事をつくって食べさせると、みんな喜んで食べるのです。そんなことをしながら、料理はいつも同じものを食べさせるのではなく、少しでもアレンジして変えてあげるだけで違うのだなとか、食べる楽しさを教えてあげたら違うのだなとか、よそのお子さんと一緒に食べていたらよくわかったのです。そうしているうちにお母さん達が**「お料理を教えてほしい」**と言いはじめて、そこが、料理教室の原点ですかね。

あたりまえのことですが、子供には食べる楽しさを覚えさせることが大事なのです。食べないからつくらない……ではなく、どうすれば食べるのかを考えるべきなのです。

ちなみに、わたしは子供が嫌いなものを必ずつくってテーブルの上に置いていたのです。子供が帰って来たら、お腹が空いているところにそれを見せて「ダメよ、それ

はパパのだから。」と言うと、おもしろがって食べたがるのです。「仕方ないね。お腹がすいたのなら食べなさい」と言うと、嫌いなはずなのに喜んで食べるのです。作戦勝ちですね。

■ホルモンバランスの乱れ――『玄米との出会い』

実は、わたしが玄米食を始めたのは自分自身の病気がきっかけでした。

40代のころに子宮筋腫で手術をしたのです。その時に卵巣も片方取ってしまったので、ホルモンバランスの崩れの影響で、八か月で10キロ以上も太ってしまいました。

それまでは、ヨガを教えたりもしていたので、身体は細かったのですが、いっきに体系が変わって、洋服のサイズも7号から13号へと……コロンコロンに太ったのです。

病院からは「痩せないとだめ」と言われていましたが、なかなか痩せられませんでした。それで断食したり、玄米を食べたりしました。玄米を食べたのは、玄米を食べれば痩せるということを聞き、無我夢中で、何でもいいからと思い食べ始めたのです。

それが**玄米とマクロビオティック**との出会いでした。自分で本をあさって読んでみると、体質の改善につながる、代謝がよくなる、免疫が上がるなどと書かれていたのです。それから、玄米でバランスをとっていこうと始まったのが玄米食の最初でした。

そうしているうちに、驚くことに八か月で10キロ体重が落ちたのです。おそらく、若かったから早く結果が出たと思うのですが、きっちりと決めた時間に規則正しく決められた量を朝、昼、晩と一日三食にして食事管理をしました。

痩せたといっても、まったく無理なダイエットはしませんでした。食事の量は全く減らさず、玄米100％で、おかずは菜食です。菜食は苦にはなりませんでした。また、玄米には変化をつけて、豆類やひじきなどの海藻を入れたり、ゴマ塩を振りかけたりと、自分なりにいいと思う食べ方で食べました。それと、野菜とをバランスよく食べて、お肉は全く食べませんでした。

そうしたら三か月くらいまでは、ほとんど減らなかったのに、四か月くらいから徐々に減りはじめて、八か月ぐらいで体形がほとんど元に戻っていきました。

もし、玄米を白米にして同じ量を同じように規則正しく食べたとしても体重は減りません。それはどうしてかというと、白米は糖質が多く、バランスが悪いからです。

玄米は繊維が多いからゆっくりと噛《か》みます。ゆっくり噛《か》んでいると唾液をしっかりと出してよく噛んで食べるようになります。白米は、ついついあまり噛まずに飲み込んでしまいます。よく噛むことで腸内や内臓に負担がなくなって、正常な体重に自動的に調節されていったのだと思います。

■『自分の病気』『母の死』 深まる健康と料理への思い

私が退院して三日後、母が亡くなりました。料理に対する考えが、自分自身の病気と母の死のあとで大きく変わったのです。

それまでも比較的気をつけてはつくっていたほうだと思うのですが、より一層深く健康との関りを追求するようになったのです。

平成元年**『健康料理教室』**として大阪の茨木市に『エルベ料理教室』を立ち上げました。

『エルベ』とはフランス語で**『一歩先をいく・前進する』**を意味しています。

その当時はバブル期で過食と飽食の時代。『健康料理』と言ってもピンとくる人は少なく、外食、外食で、お昼はどこのホテルでも奥さんたちでいっぱい……。ご主人は、ご主人で、接待、接待で飲み歩く、まだまだそんな時代でした。

第4章

家族をつなぐ　伝統をつなぐ　未来をつなぐ
『料理の流儀』

■健全なる精神は、健全なる肉体に宿る

三十年前、教室を立ち上げた当時はバブル時代。過食と飽食で、塩分・糖分・油分の過剰摂取、そのつけが現在の生活習慣病をつくっていると言っても過言ではありません。

しかも、料理を作らないおかあさんが増えました。お金を出せばどこでも、何でも思うままに外食でき、お惣菜などもたくさん販売していますし、コンビニに行けばレトルト食品もあります。わざわざ手間暇かけて料理を作る必要性がなくなったのです。

『それでいいのでしょうか？』

それら外食産業の多くには食品添加物、化学調味料が含まれているのです。

「今や、子供たちも大人も、食べることで健康を害する時代…」

さらに、食の乱れによって心が病み、犯罪、家庭内暴力、親子や夫婦の断絶、キレる子供などが増加する大きな原因になっていると言われています。次の時代を担う大切な子供たちが、これから先どうなっていくのかと考えるにつけ「何とかしないと」とあせる思いでいるのです。

日本には、素材の味を生かしたシンプルでおいしい物がたくさんありますが、それ

がどんどん消えています。わたしたち大人がいろいろな知恵を出し合って、優れた日本の伝統文化、風習やしきたりなども含めて次世代に伝えるのが大きな役割でしょう。

子供のころを思い出してみてください。母の作った料理は、決して華やかではなかったけれど、旬の食材をうまく使って、いつ食べても飽きのこない手作りの料理でした。

わたしたちの世代は、誰しもがそれぞれに【おふくろの味】が、家族の絆の中心にあったはずです。今思い返しても、それは懐かしく、代えがたい思い出として身体の中に息づいています。

それは、いつの時代でも繰り返してきた良き伝統です。現代の子供たちにも同じように、お母さんの**愛情のこもった健康的な手作り料理**をつくってあげてほしいのです。

人は、命ある限り食べなくてはなりません。

一日とて食べることを止めるわけにはいかないのです。

肉体も精神も、毎日の食生活で左右されるもの。

そして、「健全なる精神は、健全なる肉体に宿る」のです。

■健康と家族の絆は、愛情のこもった家庭料理から

＊『私の提唱する料理法』　＊3つのテーマ＊＊＊

わたしは、ただお料理を教えるだけではなく、料理の姿勢・料理法のこだわりとして、次の三つのテーマを大事にしています。

gourmet Cooking　healthy Cooking　speed Cooking

グルメクッキング　ヘルシークッキング　スピードクッキング

グルメクッキングとは、美味しい料理の追求、美食ではなく、愛情たっぷりの家庭料理こそが、家族のコミュニケーションやスキンシップを図る最良の料理法という意のことです。

お母さんが料理を作り、家族みんなで食卓を囲んで食べる。この、当たり前のことこそが家庭料理の基本です。家族で食卓を囲むことによって、その日一日の出来事や、学校や仕事について話すことができます。そうすれば「あら、今日はいいことあったのね」とか

「あっ、ちょっと体調が悪いのかしら」など、家族の些細な変化にも気付くはずです。

そして、**ヘルシークッキング**とは、現在大変問題となっている化学調味料や食品添加物などは使わず、塩分・糖分・油分を最大限に減らした料理法の提案です。ただし、ヘルシーと聞くと味がうすい…。淡泊…。というイメージにとらわれがちです。

「ヘルシー＝不味い」は古いのです。素材の栄養素は旨味でもあり、風味でもあるのです。きちんと栄養を残すことによって、素材本来の甘味が残り、調味料を減らすことができるのです。

たとえば、肉じゃがを作るときに結構な量の砂糖を入れてますでしょ。でも、玉葱本来の甘味を十分に引き出すことができれば砂糖は一切入れなくてもいいのです。

だから、わたしの料理法でしたら糖尿病を患っている方でも、満足に楽しく、美味しく食べることができますよ。

いちばん実践して欲しいのが、**スピードクッキング**。今の時代、本当に皆さん忙しくされています。だからこそ**「本物の手抜き料理」**を提案しているのです。ただの手抜きは誰にでも簡単にできます。いちばん手っ取り早いのは、買って食卓に並べることですかね。

「それは料理ですか？」

「家族の健康につながるのですか?」

わたしの提案するスピードクッキングとは、料理は科学的、合理的に考えるということです。料理の中で、わたしがいちばん大切にしていることは、栄養素をしっかりと残すということ。ですから、それ以外のことに時間を費やす必要はないのです。たとえば、栄養素を捨てているようなあく抜きなどの下処理、野菜の面取りなど、できる限りの手間をはぶく工夫を提案しています。

「お料理は、簡単で早く出来て、美味しく、栄養素を残すこと」

そして「愛情たっぷりにつくること」に尽きるのです。

■自然から学ぶ感謝の心

私は、幼年期に母の実家の岡山県で育ちました。一年間の行事【五節句】お正月、お雛様、端午の節句、七夕、9月の重陽、秋のお祭りには親戚一同大勢の人が本家に集まりました。その時々に、自分も大人に混じって一緒にお手伝いをしていました。

『ここへお箸をおいて、盃はここにおいて』と。田畑の恵みを調理して、一の膳、二の膳、三の膳と並べて、おいしくいただいた記憶があります。そのときの光景を思い出し、お膳の並べ方、お料理の置き方などが知らず知らずのうちに身についたのだと感じています。

食べるものは、これが好き、あれが嫌いとは言えず、大人が食べるものを一緒に食べました。子供だからと甘やかされることはありませんでした。そして、何を食べてもおいしく感じたものです。**「いただきます」「ごちそうさま」**を大きな声で言っていました。

動物や植物、自然の命をいただき、それに感謝する心が育まれたことは、人生最高の幸運だったと思います。

■未来をつなぐ食育

今の自分の考え方や健康状態があるのも、３歳から７歳くらいに、岡山の自然の中で育った体験が大きなウェイトをしめていると思っています。

それに比べて、飽食の時代と言われる今、子供たちをとりまく食の環境が、本当に気がかりでなりません。脳や身体の発育・発達の重要な幼少期に、化学調味料や添加物の入った食品の過剰摂取。朝食の欠食。肥満の増加など、問題は多様化、深刻化し、生涯にわたる健康への影響が懸念されます。

そして困ったことに、親の世代においても食事に関する必要な知識や技術が欠如しているように感じます。さらに、親子のコミュニケーションの場となる食卓において家族そろって食事をする機会も減少している状況がとても残念でなりません。

「こ食」という言葉を耳にしたことはありますか?

「孤食」「子食」「個食」「固食」「粉食」「小食」「濃食」と表現され、近年大きな社会問題になっています。

「孤食」—ひとりで食事すること。
「子食」—こどもだけで食事をすること。
「個食」—家族が揃っているのに、個々それぞれが自分の好きなものをバラバラに食べること。
「固食」—自分の好きな、決まった食べ物**【固定の物】**しか食べないこと。

「粉食」――パンやピザ、パスタなど粉を使った主食を好んで食べること。
「小食」――いつも食欲がなく、少しの量しか食べないこと。
「濃食」――加工食品など濃い味付けのものを食べること。

三十年ほど前は、家族が一緒に食事をしていた回数は、１年のうち７００～８００回。しかし、今ではその半分以下の３００回程度まで減少している家庭もあると言われています。**「孤食」**や**「子食」**は会話も少なく、コミュニケーション能力やマナーを身につけられません。何より、食べることの楽しさ、食の大切さ、食への興味が薄れてしまうのです。

ここ数年前からですが、今からお料理を始めたいと言って習いに来る生徒さんの中に、お母さんの味を知らないという生徒さんが、ちらほらあります。その子たちは、自分は家庭の味を知らないので、料理に自信がないと、コンプレックスを持っているように感じます。でも彼女たちは、これからできる自分の家族には、「そんな思いをさせたくない、自分はきちんとした家庭料理を習いたい」と強い思いを持っているのです。

ただやはり、大事な幼少期に手作りの物を食べていなかったりすると、味覚が育っていなかったり、家庭的な母の味との比較ができなかったり、というのが現実です。

ですから、3歳から7歳ぐらいの時期が本当に大切なのです。

子供たちに正しい食習慣と味覚を身につけさせるには、7歳頃までにしつけるのが理想的だと思っています。この年齢を過ぎると、他のことへの興味や関心が芽生え、身につきにくくなってしまうのです。

いまいちど、家庭の食環境、子供の食生活の現状と問題点を見つめなおしてみてください。そして考え、改善できるところは、改善していきましょう。この時期の食生活はその後の人生にも大きく影響すると言っても過言ではありませんから。

自然に考えればわかることです。

わたしたち日本人は、四季とともに旬の食べ物をいただいて、自然界とともに生かされているはずです。野山の木々も草春には新芽が伸びて躍動し、夏には青々と繁り、秋は天高く馬肥ゆる季節になり食べ物はおいしく、動物たちは冬に向けて栄養を蓄える。そして冬眠。春になって再び活発に動く。

大自然は古来、このように繰り返し、繰り返し、毎年同じように繰り返して生命を維持しています。

ですから、現代の私たちは
【もう一度、原点（自然）に戻って、健康で病気にならない料理の本質を知って、実践する。そして何より次世代に伝えていくべき】
だと思うのです。

【健全なる精神は、健全なる肉体に宿る】
そして、その基盤となるのは
【健康と家族の絆は、愛情のこもった家庭料理から】
なのです。

私の思いは、
『料理をしてほしい…』ではなく、
『料理はするべきもの』なのです。
そして、
『自分の大切な家族に受け継ぐ』
『未来につながる家庭料理』
なのです。

■家族を守る『料理の流儀』

【其の二】…『玄米食のススメ』

では、玄米がなぜ身体にいいのでしょうか。

わたしは三十年間、毎月【体質改善・健脳メニュー】として、玄米食を取り入れてきました。そこで必ず聞くのです。

『玄米は食べたことがありますか?』

答えは、いろいろです。

『家で炊いたことがあります』

『自然食のお店で食べたことがあります』…など、最近では、玄米を食べたことがある人が多くなりましたね。

では『**なぜ、玄米を食べたのですか?**』と聞くと、
皆さんそろって『**体にいいから**』と。

さらに『**では、どう体にいいのですか?**』と聞くと、

『……。』となります。

わたしは、教室で、必ず玄米の炊き方だけでなく、白米と玄米の違い・玄米の効能についても、しっかりと時間をかけて説明します。それは「何となく体にいいから…」程度で食べていても意味がないと考えているからです。食の大切さを、より深く理解して、実践して欲しいのです。普段は白板に図解しながら説明しているのですが、ここでは、文章で、できるだけ、わかりやすく説明していきたいと思います。

・白米は読んで字のごとし

まず、玄米は**「生きたお米」**、言い方は悪いですが白米は「死に米」なのです。玄米は、もみ殻をとっただけのお米なので、水につけると、胚芽のところから芽がでる、生きた**生命力のあるお米**なのです。しかし、それに比べて白米からは芽が出ません。

お米の栄養素は「糠層《ぬか》と胚芽《はいが》」と呼ばれる部分に、ほとんど（約95％）が凝縮されています。精米した白米はこの栄養素の部分をすべて取り除いているので、玄米に比べて栄養価が落ちた状態になっているのです。10キロのお米を精米すると、約1キロの糠《ぬか》が出ます。

この、糠《ぬか》層や胚芽の部分には、ビタミン類をはじめとした栄養素が豊富に含まれているのです。代表的なものでは、ビタミンB群、ビタミンE、食物繊維、そして「生命の鎖」と言われるミネラル、アミノ酸、蛋白質など、人間の体に必要不可欠とされ、また現代人に不足しがちな栄養素を多く含んでいます。

では、思い浮かべてください。

お米を白くすると「粕《かす》」と書くでしょ。

まさしく白米は必要な栄養素が失われた「カス」なのです。

その点、玄米は完全食品と言っていいでしょう。

・「酸性食品」と「アルカリ性食品」

人間の身体は中性に近い弱アルカリ性が、いちばん理想と言われているのをご存知ですか？

日本は火山国ですから、土壌そのものが酸性です。

さらに食べ物によっても大きく酸性へと傾くのです。

食べ物による主な原因は「酸性食品の過剰摂取」にあります。酸性食品とは、摂取すると体を酸性に傾けてしまう食品のことですが、何も特別な食べ物ではありません。

肉類や砂糖、脂肪分を多く含んでいる食品、加工食品などは、すべて酸性食品です。

そして、**私たちの主食である「白米」こそ、酸性食品なのです。**

米＋白＝粕

人の血液中のPHは常に7．4前後で保たれるように、自動的にコントロールされているのですが、酸性食品ばかり食べていると、当然、体質は酸性へと傾き、さらに怖いことに強酸性の体質へと加速していくのです。

人の体は酸性化すると、さまざまな病気、生活習慣病を引き起こします。

糖尿病・脂質異常症・高血圧・高尿酸血症など、食生活習慣が発症原因に深く関与していると考えられています。

日本では、かつて加齢によって発病すると考えられたために、成人病と呼ばれていましたが、一九八〇年代から若者の発症が目立つようになり、その後の調査で食生活などの生活習慣が深く関与していることが判明してきたのです。このため、一九九七年ころから予防を意識して欲しいということを目的として**生活習慣病**と呼び方が変わったのです。また、がん・脳血管疾患・心臓病の三大死因も、食生活との関わりが強いとされています。

では、まず何からはじめたらいいのでしょうか？

アルカリ性食品とミネラルでPHのバランスをとることが大事なのです。

ですから、まず主食を白米から玄米に変えることからはじめましょう。

酸性体質になると、体内の免疫を司る白血球の働きが低下してしまいます。免疫力が低下した結果、体は疲れやすくなり、そしてまた、疲れがとれにくい状態になり、しいては生活習慣病を引き起こします。この状態を改善するには、体内のPHのバランスをとるのが一番いいのです。

具体的には、まず主食を白米から玄米に変えることからはじめましょう。

「玄米」はアルカリ性食品です。そして、副食は野菜・豆類・海藻類を中心に積極的に摂取するのが効果的です。さらに、ミネラルをしっかりと補給することも大切です。ミネラルには体内のPHのバランスを調整する役割があります。ですから私は、玄米を炊くときには、必ず自然塩を入れて炊くか、後からゴマ塩をかけることをおススメしています。そしてまた、玄米とお豆類を一緒に炊くのも有効です。大豆に含まれるレシチンには、脳細胞を活性させ、記憶力・集中力を高める効果もあります。ですから、玄米食は健脳食にもなるのです。

さらに、味噌や漬物などの発酵食品をしっかりと食べることも大事です。

また、アルカリイオン水を飲むことも、体質を酸性からアルカリ性に引っぱる、一つの手段だと思います。

これら、アルカリ性の食材を効果的に食べることによって、体は中和され理想的な中性に近い弱アルカリ性へとコントロールされるのです。

栄養学では「一日、33品目食べなさい」とか「五大栄養素をバランスよく食べることが必要」だと言われますが、体にとって一番いいのは、血液PHを中性に近い弱アルカリ性へともっていくこと、「酸性食品」と「アルカリ性食品」をバランスよく食べることが、最も大切です。

健康になるためには酸性とアルカリ性のバランスをしっかりと理解し、実践することが大切なのです。

・『咀嚼』噛むことの必要性

『玄米を食べると、胃が悪くなるのよね…。』と言われる方がいます。

それは**「噛んでない証拠」**です。

噛むことは、人間の健康にとって、とても重要です。まず、噛むことによって、唾液の分泌がよくなり、消化を助けます。また、噛むことで、頭やあごの骨、顔の筋肉の発育を促し、顔の表情も豊かになります。さらに、大脳の働きを活性化します。

人間の歯は三十二本、その歯すべてに役割あり、歯の構造を知れば、本来食べるべきものを教えてくれているのです。

肉食動物の歯は、肉を食べることに適し、草食動物の歯は、草を食べるのに適している。
では、人間の歯はというと、一般的にいう

【奥歯】これは、穀物などの食べ物をすりつぶす歯（臼歯）。片方の上下に五本ずつあって、左右上下を合計すると二十本。臼歯が断然多いでしょ。臼歯とは、臼《うす》で物をすりつぶすように、食べる為の歯、穀物（玄米）を食べる為の歯なのです。

【前歯】これを門歯、または切歯と言います。上下で八本。これは野菜や果物を口に入れる時の歯。

【犬歯】これは計四本。犬歯は肉を食べる時に使う歯です。しかし、人間にある犬歯は肉食動物の犬歯と比べると、あまり鋭くはありません。

この歯の構造をふまえると、自然と何を食べるべきなのか、何が必要なのかが、理解できるはずです。

穀物（玄米）が主食。次に野菜、そして果物。

歯の構造を一か月に例えるなら、肉食は、四日間だけということになりますね。何を食べるべきなのかは、人間のDNAが示してくれているのです。

現に私は、子供のころからずっと、この通りの食生活をしています。

玄米が中心。そして、野菜と果物と。

「よく噛む」ということは、利点しかないのです。

よく噛むと、食べ物本来の味がわかり**【味覚が発達】**します。

よく噛むと脳にある満腹中枢が働きます。よく噛まずに早く食べると、満腹中枢が働く前に食べ過ぎてしまい、その結果太ります。

よく噛むことが**【肥満を防ぐ、ダイエットの基本】**です。

よく噛む動きは、脳細胞の動きを活発化します。

あごを開けたり閉じたりすることで、脳に酸素と栄養を送り、活性化するのです。噛めば噛むほど、脳にいく血流の働きがよくなり、子供の**【脳細胞の活性】**高齢者は**【認知症の予防】**に役に立つのです。

『歯丈夫、胃丈夫、大丈夫』と言われるように、よく噛むと消化酵素がたくさん出ます。食べものがきちんと咀嚼されないと胃腸障害や栄養の偏りの原因となり、「玄米を食べると、胃が悪くなるのよね……。」ということになるのです。

噛まなくていい食材が多すぎです

現代の食べ物は噛まなくてもよくなり、加工されて食べやすいも

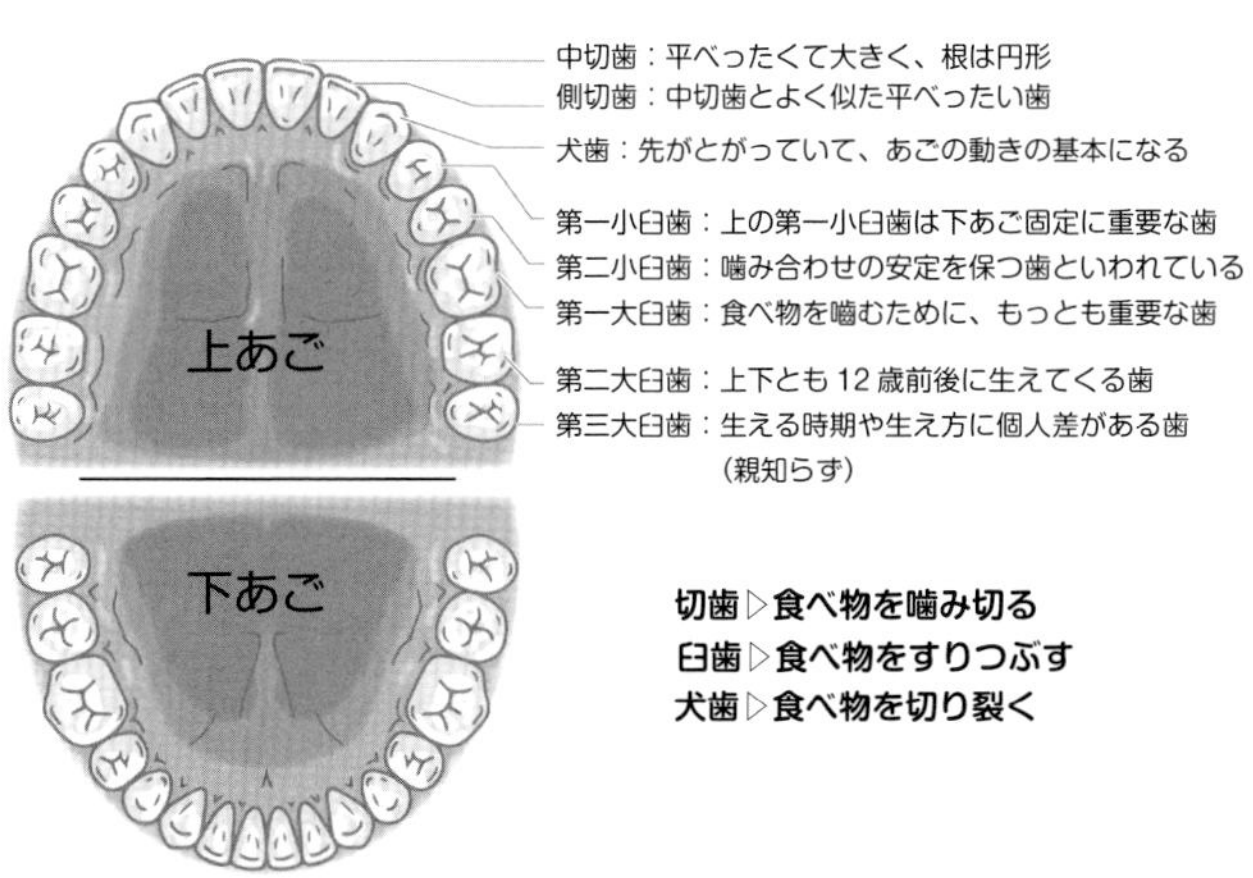
中切歯：平べったくて大きく、根は円形
側切歯：中切歯とよく似た平べったい歯
犬歯：先がとがっていて、あごの動きの基本になる
第一小臼歯：上の第一小臼歯は下あご固定に重要な歯
第二小臼歯：噛み合わせの安定を保つ歯といわれている
第一大臼歯：食べ物を噛むために、もっとも重要な歯
第二大臼歯：上下とも 12 歳前後に生えてくる歯
第三大臼歯：生える時期や生え方に個人差がある歯（親知らず）
上あご
下あご
切歯▷食べ物を噛み切る
臼歯▷食べ物をすりつぶす
犬歯▷食べ物を切り裂く

のが多くなっています。とくに主食は白米が多く、お米さえも食べる人が減って、パン食に変わっています。朝はパンと牛乳、またはコーヒーですぐに食べられます。また、噛まなくても呑み込めます。そういったやわらかいものばかり食べていては、脳は活性されないのです。

理想は、「最低30回以上噛むこと」

食べ物は30回以上噛むことが理想です。噛めば噛むほど唾液が混ざります。この唾液には消化を助け、栄養素の吸収効率を良くし、殺菌作用もあるという、まさに万能の働きがあります。

また、よく噛んでいるうちに血糖値が上がり、食欲が抑制されて、食べ過ぎを防ぐこともできます。ちなみに「30回」というのは、時間にして30秒ぐらいで、この30秒というのは、殺菌などにおいて唾液が大きな力を発揮できる時間だそうです。

そして、「80歳までに20本以上の歯をのこすこと」

8020運動という言葉を耳にされたことはありますか。

満80歳で20本以上の歯を残そうという運動で、厚生労働省や日本歯科医師会などから推奨されています。

最近は入れ歯やインプラントなど様々な技術の向上により、自分の歯でなくても形として抜けた歯の無い状態を維持することはできるようになっています。

しかし、入れ歯やインプラントでは、自分の歯のように不自由なく食べ物を噛んだりすることができないのです。ですから、自分の歯で、しっかりと噛んで食べること。これこそが食べ物を美味しく食べる基本だと私は思っています。

・腸は第二の頭脳

からだを整える一番のポイントになるのは【腸】です。腸の重要性は、最近になってよく言われるようになりましたが、わたしは三十年間、ずっと言い続けてきました。

「腸がきれいになったら、身体がきれいになるのよ」と。

それは当然のことだと思うのです。身体の中の毒素を出すということが一番大事なことなのですから。

そもそも腸は、一番大きな臓器なのです。個人差はありますが、日本人の腸の長さは、約10ｍと言われており、世界の中でも、最も長いほうなのです。

体の中で最初にできるのも腸。進化の過程では肝臓やすい臓、肺などは腸からできたとも言う説もあり、脳からの指示がなくても内臓を働かせることができ、たとえ脳が死んでしまっても、体を維持するために腸はギリギリまで動いているのです。

腸は内臓の司令塔なのです。また、体の中で最後に活動を終えるのも腸です。亡くなった時間は腸内温度で調べたりするほどです。そして、そういう様々なことから、腸は、「第二の頭脳」と言われるのです。

腸がしている大きな働きとして「健康を支える免疫機能を整える」という大きな役割があります。腸には、人間の体が持つ免疫細胞の70％以上があるのです。それが、腸内細菌です。腸内細菌は600～1000兆個もあると言われていて、それぞれがバランスよく関わり合い、体を支えて、守っているのです。

腸内細菌は食事から得るものなのです。

腸内の悪玉菌が、増える最大の原因は「肉食」です。その一方、腸内の状態をきれいにして、お通じの改善をもたらしてくれるのが、野菜類に多く含まれる善玉菌です。

ですから、腸内環境を改善するには、野菜や海藻、

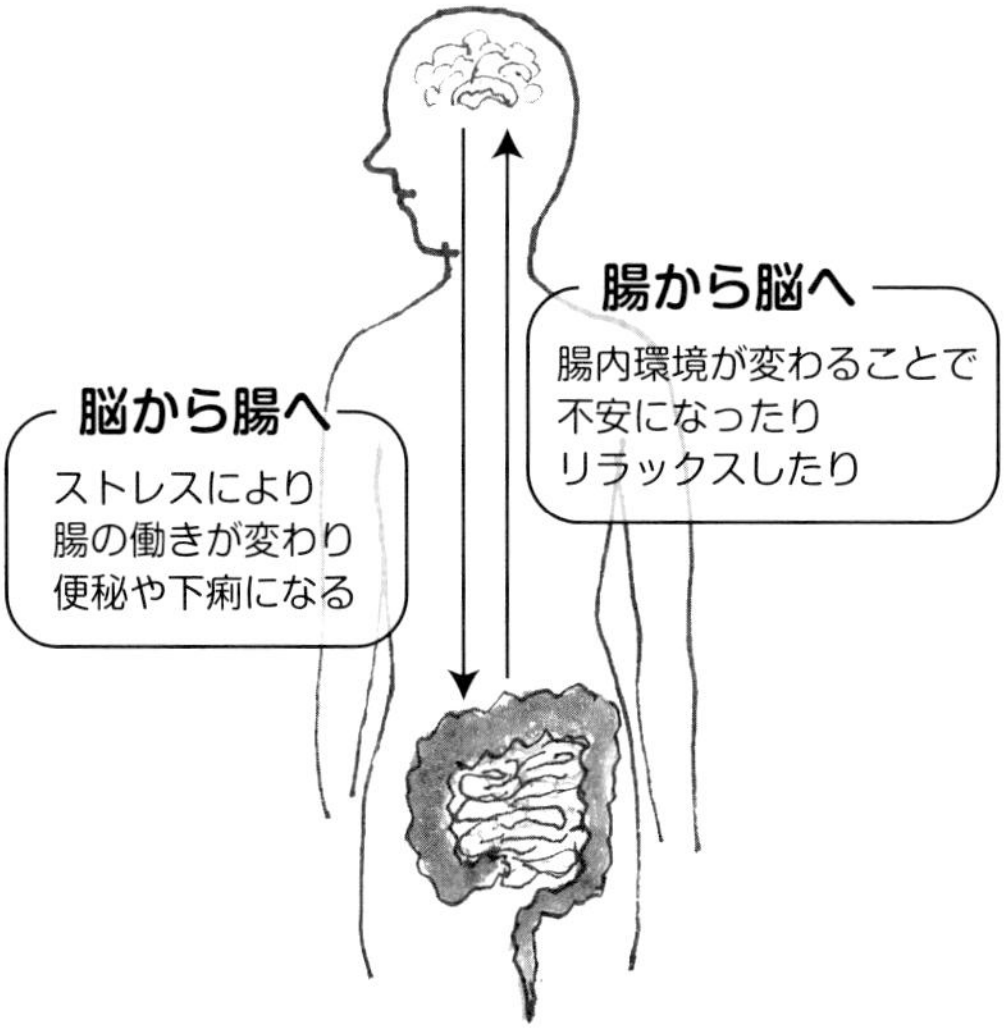
腸から脳へ
腸内環境が変わることで
不安になったり
リラックスしたり
脳から腸へ
ストレスにより
腸の働きが変わり
便秘や下痢になる

豆を多く取り、肉を食べ過ぎないようにして、善玉菌を増やすことが大切なのです。

健康な人の腸では、善玉菌の割合が2割以上、悪玉菌が1割以下、それ以外は日和見菌と呼ばれ、善玉菌が優勢であれば似た働きをしてくれますが、悪玉菌が優勢だと逆の性格を持ってしまうのです。

そしてさらに必要なことは、

「食物繊維の物をしっかりと食べて、そして、しっかりと水を飲んで、ボリュームをつけて、刺激を促して、腸の蠕動《ぜんどう》運動をよくして、排出する流れをつくること」です。

腸の襞の絨毛にたまっている宿便を取らないと本当に掃除したとは言えません。宿便がたまるとポリープができる原因にもなります。結局、そこをきれいにするのには、食物繊維が必要です。

食物繊維が一番多いのは玄米、だから、玄米を食べて欲しいのです。それと野菜と海藻です。ただし、たくさん食物繊維をとっても、水分を与えないとだめなのです。

それらがすべて整って、腸の働き**「消化・吸収・合成・造血・免疫向上・代謝向上・解毒」**という大切な役割を果たしてくれるのです。

父がいつも

「お腹の中がややこしかったら身体全部が悪くなるんや」

「体を冷やすな」

「暑い時こそ温かいものを食べなさい」

「よく噛んで食べなさい」

「肩・首（手首・足首・首）を冷やすな」と。

ほんとうに口うるさく、子供のころは「もう、うるさいな、また言い出した」と思っていました。

しかし、体のことを知れば知るほど、

「なるほど、父が言っていたことは確かに、その通り」とよくわかるのです。

ですから私も言っています。

「体を冷やしてはダメ」「お腹を冷やしてはダメ」と。

わたしは、寝るときにも、お腹を冷やさないようにと真夏でも腹巻をつけていますよ。

腸の内視鏡を発明・開発した新谷弘実先生が2005年に刊行された『病気にならない生き方』の著書には、普段わたしが教室で伝えていることと、まったく一緒のことが書かれていました。

そのころに、その本を持って京都の長岡に住んでいる80歳の人が教室へ来られたのです。その本には「80歳でも遅くない、今からでも遅くない」と書かれていました。その本には「玄米食」と、そして「水はいい水を飲みなさい、その水はアルカリイオン水がいいですよ」と書いてあったのです。

その時、すでに私は玄米食を続けて20年以上。アルカリイオン水も長く使っていたのです。どういうわけか知らないけれども、全部当てはまっていました。

・玄米はホルモンバランスの調整や解毒の促進に効果的

玄米はビタミンEがとても豊富に含まれています。ビタミンEは、ホルモン分泌を正常な状態に導く効果があるとされています。そして、しっかりと噛むことによって、さらに、ホルモンの分泌を促進します。そうすると、自律神経が整い、更年期障害などの改善に効果があるのです。さらにビタミンEには、強い抗酸化作用も含まれています。

また、玄米には「解毒」に必要な成分「フィチン」が含まれています。フィチンは、体内でフィチン酸になり、有害物質と結合して、体外に排出する作用があります。

その解毒作用はとても強く、私たちの体に蓄積した様々な添加物、

水銀・鉛・農薬等まで排出する効果があると言われています。実際、東北の大震災直後に出版された「放射能汚染から命を守る最強の知恵」の著書の中に、放射能被害にも玄米が効果的と記されています。しかし、その解毒作用のあるフィチン酸は体内のカルシウムを一緒に排出してしまうということもあります。ですから、玄米を食べるときにはゴマや大豆など、カルシウムを多く含んだ食品と一緒に食べることが大事なのです。

実際わたしも子宮筋腫で手術をしたときに、卵巣も片方とってしまったので、ホルモンバランスが乱れて、コロンコロンに太りましたが、玄米にして、しっかりと噛んで、しっかりと解毒してという食生活の改善をすることによって、元に戻すことができたのです。

だから自信をもって言えるのです。

「玄米を食べなさい」「よく噛んで食べなさい」と。

・玄米食と楽しくつきあう方法

「玄米は続かない…」という言葉をよく聞きます。

理由は

「わたしは玄米が好きなのだけど、家族が嫌がるから…」

「炊くのに時間かかるから…つい白米に…」

と、いろいろですかね。

わたしは、桜沢如一先生が提唱した健康料理の『マクロビオティック』も学びました。桜沢先生の弟子である、久司道夫先生や奥さんのアヴェリーヌ偕子先生からも、直接いろいろなことを教えていただきました。

マクロビオティックは陰陽の理論を交えた食事法・玄米菜食料理です。

しかし、一般家庭にはあまり向かないのです。そして、戦前戦後の人は玄米を食べることに抵抗があります。奥さんが玄米をたいて出すと、ご主人が「そんな玄米なんか食えるか」「戦時中、みんな食べるものがない時に食べたものを、なんで今さら食べないとあかんねん」と言われたのです。

さらに、マクロビオティック料理の教えの基本は、宇宙はすべて陰陽でできており、食も陰陽のバランスが重要だという教えでした。食物にも、また切り方にも茹で方にも陰と陽があるといいます。その当時はまだマクロビオティックはあまり知られていなくて、画期的な考え方だと思いました。

しかし、『どれが陰でどれが陽なのか…』、『面倒くさいからもうそんなのいいわ…』

と、大抵の方は長続きしないのです。
考えてみれば、そんな陰陽より「四季の食材を順番に食べていることが、それが自然で、体には一番いい」のです。
それで、窓口を広げて玄米食を楽しく続ける料理法を考えました。
わたしの玄米料理法の持論はこうです。

「本当においしい玄米を炊く」

いくら体にいいからと言って美味しくなかったら続きません。だから、家族にも『美味しい！』『玄米食べたい！』って言われる玄米を炊くこと。
そして工夫すること。

「簡単に炊く」

炊くのが面倒でも長続きしません。簡単に早く炊く方法が大事。

「玄米のバリエーションを広げる」

玄米で炒飯もつくります。お寿司もします。コロッケも作ります。

「安心できる玄米とつきあう」

今はいろいろな玄米がありますが、やはり無農薬の玄米にしたいですね。
それと、最近では芽の出ない玄米も流通しているので、きちんと見極めたいですね。

さらに、炊く方法、炊くお釜、お鍋、調理器具も大事です。

「安心で無公害な炊き方」こそが、最も重要なポイントです。

【其の二】―台所革命『安心で安全・無公害』

・**「台所」健康作りの基本**
わたしは「台所」こそ、いちばんの要だと考えています。

「手づくりの料理を食べるということ」、そして
「手づくりの料理は台所からうまれるということ」。

「台所は栄養素の原点であり、子育ての原点でもあり、一家団欒、家族との絆の原点でもあります」

故に、私たち主婦がいちばん大事な要を手に握っているということです。

・**「台所」は女性の城**
台所は、私たち主婦にとって城のようなもので、そこの主《あるじ》です。

【台所は家族の健康、命をすべて任される場所】

昔は、「男子厨房に入らず」という言葉があって、男性が台所に入るということは、あまりなかったのです。今は男性でも料理をするのが普通になりましたが…。

私が結婚した当時は、当然お料理は女性の役割。台所は私たち主婦にとって、まさにお城——「女性の城」でした。

ですから自分がやりやすいようにするのが一番です。家族の健康をつくる場で、それが一番大事です。家族の健康は、わたしたち主婦がにぎっているわけですから。

わたしは、台所は家の中心だと思っています。ですから、キッチンは、心地よく、機能的に料理ができるようにした方がいいと思っています。そして、いちばん大切に考えて欲しいのは「使う道具にこだわりをもつ」ということです。

小学校にはいったくらいのことですが、母と一緒に、洋画を観に行ったことがあるのです。その映画の内容は何も覚えていませんが、お料理のシーンでキッチンが映っていました。キラキラと光るお鍋があって、タイルを下に敷いて靴を履いたままキッチンに立って、カチャカチャと電子音のするようなもので料理をしていたのですが、あれはオーブンだったのですかね。今思えばあれはシステムキッチンだった気がします。

当時、一般の家庭では、まだ「かまど」があったり、薪でご飯を炊いていたりと…。

そして、お鍋はくすんだ色。そんな時代に、アメリカの素敵なキッチンを見て、「もう絶対自分が大人になったら、これ。こんなキッチンで料理がしたい」という、強い夢を持ったものです。

私は、両親に本当に感謝しています。私自身が病気もなく健康に育ててもらったこと。

そして、結婚して子供ができて、自分が子供を育てる中で、きちんとしたものを食べさせてあげないといけないと本気で思うようになりました。

子供の身体づくりというのは、親の最大の責任です。

お友だちの子供さんが、身体が弱かったり入院したりと聞かされると、心が痛みました。どうしてそうなるのかと考えると、やはり、食に対する基本的な考え方がとても大切なのだと。

ですから、

「手抜きをしない調理の仕方で、愛情のこもった健康的な手づくり料理を、いっしょに座って食べる」という当たり前のことこそが、基本なのだと考えています。

・複合汚染と『食』器公害

昭和四十九年、ベストセラーとなった有吉佐和子さんの著書『複合汚染』。主婦の友から発刊の『今の食事が子供を狂わせる』。現代書林発刊の『金属とはなにか』・『『食』器公害』等を読んでたいへんなショック…衝撃を受けました。

『食』器公害？

「食物は、われわれ人間の生命を支える大切なものであり、一日たりとも欠かすことはできない。その大切な食物を調理する器が、有害物質を溶出させるものであったとしたら…考えるだけでも恐ろしい—本文より」と。

わたしはハッとしました。当時使っていたお鍋は、ほとんどがアルミ製・ホーロー鍋、炊飯器の内側もアルミ…。本に記載されている害のあるものばかり…。

「食材もいいものを選んで…、料理も調味料を少なめに、薄味に…、気をつけていたのに」と、ショックでした。

しかも、体にいいからとつくっていた「お酢を使った料理」が、いちばん金属を溶かしていたのです。

それ以来、アルミ・プラスチック・テフロン・ホーロー等、有害物質が溶け出す危険性のある調理器具は全て排除しました。

わたしが、まず、最初に使ったのはアメリカ製のステンレス製のお鍋でした。十年程使っていたのですが、当時『ヨーロッパには、もっといいお鍋がある』と聞いていました。それから、ご縁があってわたしの手元に、ようやく、今のお鍋（調理器具）がやってきたのです。

はじめて手にした時に、子供のころの記憶がよみがえりました。

「わたしが子供のころ、蔵の中から持ち出して、おもちゃにして遊んでいたハサミや、ピカピカ光った容器と同じだわ」と。

母の姉、叔母は産婦人科医でしたが、戦時中疎開していて、その仕事道具（医療機器）を蔵の中にしまっていたのです。その仕事道具（医療器具）とステンレスの材質が同じだったのです。もちろん、その時は、ものすごく怒られましたが…。

わたしは確信したのです。

「このお鍋は医療器具と同じ材質、これなら安心して料理ができるわ」と。

さあ、それからが大変です。今までと同じ様に調味料を入れると味が濃すぎるのです。火加減を強くすると、焦げたり、煮えすぎたり。

そして、だんだんわかってきたのです。「あっ、お肉を焼くのに油がいらないわ」

「焼く目安はここね」「調味料は今までより少なくてすむわ」「煮る時間も早いわ」と。
あとは、面白くなるばかりでした。料理法や調味料を、それまでの一般的な分量と、ひとつひとつ比較していったのです。まだ減らせる、まだ減らしても大丈夫、と。
そして、わたしの求める健康料理
【油をできるだけ使わない】【塩分・糖分を減らす】
【簡単に早く出来る】そしてなにより大事な
【素材本来の味・栄養をきちんと残した美味しい料理】
という、**料理革命**の確立ができたのです。

【其の三】――『自然と科学の融合』

『先生の料理は【理】にかなった料理ですね』とか
『先生の料理は科学的ですね』という言葉をよくいただきます。

・**料理は『理論』と『自然界とのつながり』**
人間というのは自然の環境で生まれて、自然の中で育っているわけだから、わたしは**「自然界とのつながり、物事を自然に考える」**ということこそが、最も大切だと考えているのです。

そしてまた**「物事の理屈に合う・道理に合う、合理的である」**ということも、大切にしています。

ですから、自然に考えて料理すると、それが一番、身体に合っていて、そんなに「五大栄養素がこうで、栄養バランスがこうで…」とこだわることはないという考えが、早くから頭にあったのです。

たとえば、お肉を炒めるときには、大抵油を入れて炒めていると思うのですが、お肉には素材そのものに脂質があるので、油はいらないのです。焼く場合も、きちんと適温がわかればくっつかないし、余熱の原理がわかればふっくらと焼け、熱量も少なくてすむのです。

野菜の加熱法などは特にいい例です。学校教育の場では**「野菜に含まれる多くの栄養素は水溶性で、水に流れやすい性質」**と習っているはずです。それなのに、いざ、家庭に入って実践となると、ぐらぐらと茹で、そして水にさらすのです。

また、水道水は塩素が入っていますね。塩素はビタミンをこわすのです。そうして栄養素を捨てた野菜を食べて、栄養が足りてないからと言って、サプリメントを飲むのです。なんとこっけいな話でしょうか。

電子レンジでチンなど、もってのほかです。最近では野菜を茹でると栄養素が水に流れるからと言って、レンジ料理が流行していますが、根本が違うのです。

電子レンジでチンすると、お湯を使わないのでビタミンを損ねることがないと言われます。確かにビタミンは流出しませんが、その代り、ビタミンは分子レベルで破壊されているのです。つまり野菜の栄養素が変化し、化けていて、もう野菜ではないのです。

あなたは、ビタミンが流出した野菜と、ビタミンが破壊された野菜、どちらを選びますか?

「わたしはビタミンが流出した野菜も、ビタミンが破壊された野菜も、どちらも選びません。」

わたしは蒸します。ただ単に蒸せばいいのではなく、栄養素を逃がさないようにきちんと温度管理をします。そして栄養素をしっかりと残します。

そうすると野菜は本来の旨味・甘味が残ります。きちんと温度を管理して蒸した野菜は、色も鮮やかです。

最近では、揚げ物に関しても、不自然なことが多すぎです。

「家で揚げ物はしない」

特に夏場は、家で揚げ物をすると暑いからと言って買ってくることが多いそうです。

さらに、理解不可能なことは

「揚げない天ぷら?」「揚げないフライ?」です。

本来の【揚げる】という料理法の基本を知らないのでしょうか。

【揚げる】という料理法は本来、理《り》に適《かな》っているのです。

揚げるとは、適温の油で瞬時に加熱する調理法です。揚げることによって、食材の旨味を引き出し、栄養素を残し、香味を加えることができるのです。天ぷらなどは、余分な調味料を加えずとも、素材本来の旨味や香りを味わうことができるのです。

それが、最近では油のとりすぎになるから…とか、揚げ物をした後の、油の処理が面倒だからと言って、家で揚げ物をしたがりません。さらには「揚げない天ぷら」「揚げないフライ」と言って、栄養のことを全く考えていないもどき料理ばかりです。

そうではないのです。

料理と言うのは、理に適ったことをするのが自然なのです。ですから、油のとりすぎにならないように、油を吸わないように揚げたらいいのです。そして、油の後処理も簡単にできるように、最小限の油で揚げる工夫をしたらいいのです。そして、一度使った油は酸化しているので、二回、三回と使わずに捨てるのです。
まして、買ってくるなんて…。外食産業の油の怖さを知れば出来ませんよ。
そういったすべての要素を踏まえて考えて欲しいのです。

「あく抜き」もそうです。

あく抜きが必要なのは、発がん性のある「ぜんまい」と「わらび」だけ。あとは必要ないのです。例えば、一般的に、煮物やきんぴらをつくるときにはゴボウを水にさらして「あく抜きします」と書かれていますでしょ。ゴボウのアクには「リグニン」という整腸作用が含まれているのです。「小芋のぬめりもとる」と。小芋のぬめりには「ムチン」と言って、関節を動かすのに必要な成分が含まれているのです。そうした大事なものをすべて流して、サプリメントを飲むのです。

ね、理不尽でしょ。

だから、物事は自然の摂理《せつり》に基づいて考えて欲しいのです。
わたしの家族はみんな味覚がいいのですが、この味覚というのは、子供のときの食生活が一番大きく影響すると思っています。
その大事な時期に、レトルト食品やお菓子ばかりを食べて育った場合と、お母さんの手作り料理を食べて育った場合とでは、大人になってからの味覚の差は歴然です。

「子供がおいしいと言ったものが、本物なのです」

だからこそ、その大事な時期に
どう料理するか、がとても大切なのです。
ですから、わたしたちはひとりひとりが、食に関する意識を高め、料理の本質を見極める必要があるのです。

・塩と生命のかかわり……「天然の自然塩」と「食塩」

「本物の塩」は私たちの生活に、なくてはならないものです。

生命の誕生は海水からと言われているように、塩は生きる上で、私たちに必要不可欠なものです。

わたしたちの生命は海水から誕生したことは、みなさん知っていますね。

では、なぜアフリカなどの草原の湿地帯で、ゾウなどは湿地帯に向かうのかをご存知でしょうか？

子供が「なんであそこに行くの？」と聞くので、調べたことがあります。するとそこは海水だったのです。だからミネラルを豊富に含んでいて、象が鼻を砂の中にガーッと突っ込んでバーッと噴出するのを見て、あれは泥をあんなに吐いているのかなと思ったら、そうではなく、塩分（ミネラル）を補給しているというのです。

昔、戦地で海水を輸血したという話を聞いたことがあります。怪我をして、輸血が足りなくて、海水を薄めて輸血したというのです。人間の血中の塩分は、海水に近い比率で含まれているのです。ですから、古来、塩は生命の維持に欠かせないものだったのです。

しかし、残念なことに、一般に売っている塩「食塩」は、精製されていて、その成分のほとんどが塩化ナトリウムです。言うなれば、塩というよりは、塩化ナトリウムという化学物質になっているのです。今の塩は機械製法で全部精製されて、真っ白の状態。そうすると、塩に含まれる大事なミネラルは失われていて、「生命の塩」としての役割を果たさないのです。

では「本物の塩」「生命の塩」とは

「本物の塩」というのは、自然に熟成され、ミネラルを十分に含んだ「天然の自然塩」のことです。このミネラルが、私たちの体を正常に機能させ、健康で生きるために、最も必要な役割を担っているのです。

ですから「塩は何のために必要なのか」という、基本的なことを知り、「本物の塩」を使って料理をして欲しいのです。

「間違った塩」と言ったら言い方が悪いですが、そういったミネラル分を精製された塩を食べると、当然、血圧も上がったり、太ったりと、いろいろと支障が出るのです。だから、減塩しなさいと…。

また、サラサラとした味塩などは、論外です。

人工的に味付けをされていて自然のものではないですから…。

人間の身体は正直なのです。自然の物を自然に食べていたら、まず、体を壊すことはないのです。

・血圧と「天然の自然塩」の関係 「減塩」「減塩」と言い過ぎです

塩分を取り過ぎると血圧が上がるというのが定説になっていて、医師は高血圧の人に対してはほとんどの場合は塩分を控えるように指導します。

もちろん、精製した塩、塩化ナトリウムを日常的にとっていると必然的に血圧は上昇しますから、医師の言うことは間違いではありません。

ただ、気をつけないといけないのは、塩分を減らし過ぎると、逆に具合が悪くなる場合もあるということです。精製された塩には、ミネラルがないので、食べると血圧をあげたり、太ったりして害になり、だからといって食べなければ塩分が不足して具合が悪くなります。では、どうすべきか…。

答えは簡単です。「天然の自然塩」、自然のミネラルを十分に含んだ塩を使って料理をすればいいのです。

天然の自然塩を適度にとっているならば血圧が上昇することはなく、むしろ正常値を維持してくれます。繰り返しになりますが「天然塩」は血圧を上げません。

そして、よい塩は筋肉の原動力となり、体温の保持、さらには体のPHを調節します。

わたしが子供の時に、ちょっと気分が悪かったり、お腹の調子悪かったりすると、父が塩をなめるようにとか、梅干しを食べるようにと言ってくれていました。それで、たいていは回復したものです。しかし、精製された塩をなめても効果はないのです。

それと、今は減塩、減塩、とあまりに言い過ぎだと思います。減塩し過ぎて病気になっている人もいっぱいいるわけです。これはおかしな話です。

生命を司るのに、塩がなかったら絶対に生きていけません。だからおにぎりをする時も、何をする時にも、いいお塩を大事に使って、元気に育ってくれることを願いながら、愛情を込めたおにぎりをつくるのです。

また塩という存在は、料理の味付けにおいても、最後の決め手だと思う

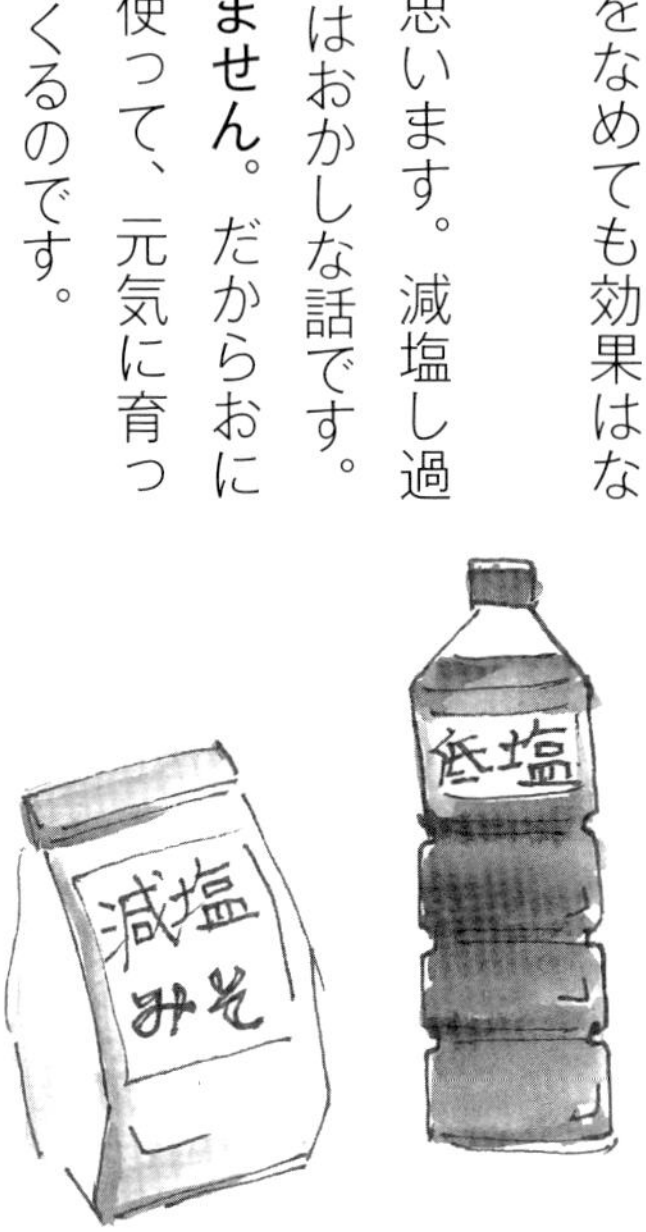

のです。本物の塩は全ての味を整え、バランスをとってくれますから。いい塩梅《あんばい》というのは、その料理の味のプラスマイナスを塩が決めるという意味ですから……。

・「大薬王樹」といわれるビワ

「病気は自分で治す、未然に予防する」という考えも必要です。

医学が発達していなかった時代にはビワの木を「大薬王樹」、ビワの葉を「無憂扇」、ビワの種を「天神さま」と言って、木の枝・葉・根・茎・種すべてが、優れた効能を持つとして重宝されていました。ビワの歴史は古く、古い仏教経典では**「大薬王樹《だいやくおうじゅ》」**という名で紹介されています。

中国の古い言い伝えでは、ビワの木があると病人がその葉を求めて行列をつくったといわれ、ビワは病人が寄ってくるから縁起が悪いとまで言われるようになりました。

岡山の祖母の家にもビワの木はありました。祖母は、ビワの葉を摘んで、お茶にしたり、お風呂に入れたりとしていました。定かではありませんが、お灸をするときに、百草の下に敷いていたように記憶しています。

祖母はいつも、「ビワはいいんよ」「何にでも効くんよ」と言っていました。

ビワの実を木に登って取って、よく食べていました。種は大きく、プッと出していました。ビワは種をまけば簡単に発芽し、十年弱で人の背丈を越え、一年中大きな葉を茂らせます。木枯らしの中でも果敢に開花し、植物としても非常にタフなのです。

ビワの葉（琵琶葉）には咳を鎮めたり、痰を除いたり、胃を丈夫にしたり、体の余分な水分を排泄したりする作用があります。

また、民間的にはビワの葉を煎じた汁を皮膚炎やあせもなどに湿布したり、浴用として用いたりします。ビワを入れたお風呂は、疲れた体をいたわる効果がります。

わたしは、子供のころから、いいお風呂に入っていたのですね。

三十年ぐらい前に大阪市で開かれた東洋医学の学会に行ったのです。そこで、わたしは、学会に参加されている方々に出す、玄米を炊いて欲しいと言われ、参加していたのです。その時に、今も飲み続けている「ビワのお酢」と出会ったのです。ビワが体にいいことも知っていましたし、もちろんお酢も。

「その二つの効果が入ったものなら、当然、体にいいに違いない」と思い買って帰ったのです。そうしたら、おいしくて、飲みやすくて、色もきれいでと。それで、九州から取り寄せて飲んでいたのです。

そうしているうちに、年々、アトピー性皮膚炎のお子さんが増えてきて、

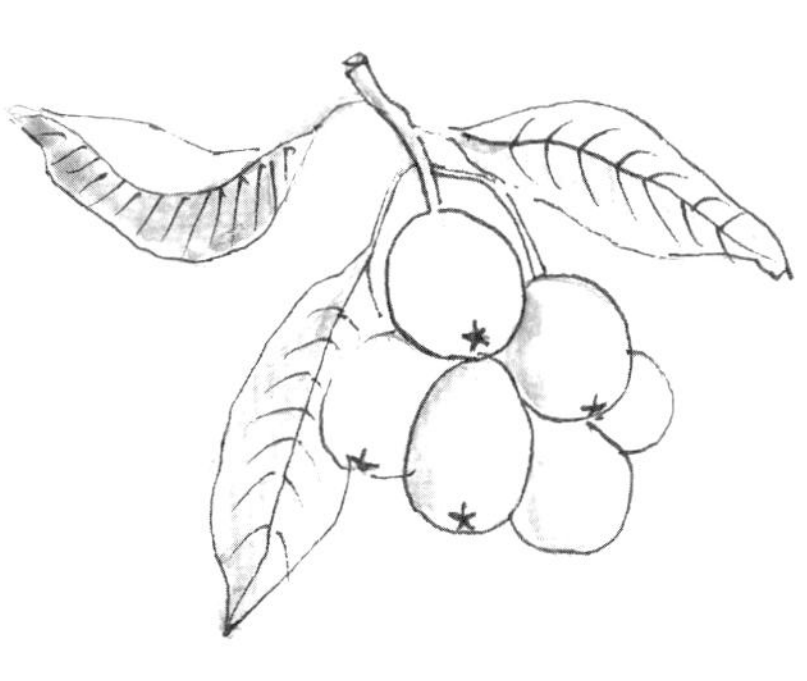

玄米食と一緒に取り入れる提案をしたのです。実際、お酢なので、体をアルカリ性に引っぱる効果も早く、小さなお子さんだと、1週間ほどで肌がつるんっとなりました。ですから、今はただ飲むだけではなく、お酢がちょっと苦手という方もいるので、料理に入れたり、ピクルスをつくったりと、バリエーション豊かに使用しています。また、教室でみなさんに飲んでいただくお茶にも、ビワの葉のお茶を出しています。みなさんに健康になって欲しいですからね。

・見直される発酵食品

ここ数年、塩麹や甘酒のブームによって発酵食品に注目が集まり、見直されてきましたね。

しかし、発酵食品とは特別なものではなく、**毎日続けていける身近な存在こそ理想なのです。**それは、間違いなくお味噌汁です。最近書店でも**「お味噌汁を飲みなさい」**だとか、いろいろと、お味噌汁に注目が集まっていますが、「わざわざ言わなくてはいけない」今の日本はそんな時代なのでしょうか？

わたしは、ご飯と同じように、お味噌汁もまた、当たり前に食卓に並ぶものだと思っています。成人して家を離れた人が味噌汁を食べると、よく「母の味を思い出す」という言葉を聞きました。しかし、最近の若い人たちからその言葉を聞くことはありません。それは当然といえば当然なのです。小さいころ、お母さんがつくった味噌汁をいつも食べて育った子供がほとんどいなくなっているのですから。

今の青年に「子供のころの懐かしい味は何?」と聞くと「ハンバーガー」と答える人がいます。わたしにとっては考えられないことで、ショックと言ってもいいほどですが、それだけ食生活が変わったということでしょう。

かつて、日本にハンバーガーを持ち込んだ、マクドナルドの創業者の藤田田氏はアメリカの食文化に啓発されて「日本の食文化を変える」といって、マクドナルドを日本に広めました。そして、日本人が欧米人に対してもつ、体格や文化に対するコンプレックスをなくすと宣言したのです。

そして、藤田田氏の言うようにマクドナルドは瞬く間に全国に広がり、国民食と言えるまでに、なりました。その代償として、歩きながら平気でハンバーガーをほおばり、コーラを片手に歩く人が増え、電車やバスでも食べ物を食べながら大声で話をするのが普通になってしまいました。

わたしにとって味噌汁は母の味そのものです。

父は毎日、味噌汁なしでは済まない人でした。父は煙草を吸っていましたが、煙草を吸うことは、身体にはよくないということはわかっているわけです。ところが、父は味噌汁を食べることによって、たばこの害が帳消しになると思っていたのです。科学的に何がどう消えるのか、詳しいことはわかりませんが、味噌にはたばこのよくないものを分解する力があると、父は思っていたのでしょうね。

田舎では、どこの家でもお味噌をつくっていました。「手前味噌」という言葉があるくらいに各家庭にそれぞれの味がありました。朝は毎朝、お味噌汁をどの家でもつくっていましたから、目が覚めた時にはお味噌汁の香りがサーッとして、母が葱をトントンと切っている音で目が覚めるという日常。それが何とも言えない思い出となって心の中にしみこんでいるわけです。「ああ、懐かしいな」と思うのです。

ですから、わたしと同じ位の年齢の男性は**「おふくろの味は」**と聞かれると、「お味噌汁」と答える人がいちばん多いのです。

何年か前に、ある男性が

「お味噌汁の作り方だけでいいから、教えてくれないか？」と、尋ねて来られました。

奥様を亡くされて、奥様のつくったお味噌汁が恋しくなったのだと…。

ところが、最近では

「朝、お味噌汁をつくっていますか？」と聞くと、

「いいえ、作らないです。お味噌汁あんまり家族が好きじゃないんです」と。

きつい言葉かもしれませんが、わたしに言わせれば、

「それは本当の味、手作りの味を知らないから」

「おいしいお味噌汁をつくってないから」という、ひと言です。

・**偽物だらけの発酵食品**

発酵食品も自分でつくるべき!

今、一般に市販されている発酵食品には、偽物が多く含まれています。ですから、発酵食品を食べている気分になっているだけで、実際には逆に、菌を使って発酵させる代わりに調味料・添加物で発酵食品風につくったもの、保存料まみれの食品を摂取しているのです。

今の製造技術では、お酢ならばわずか一日、味噌・醤油なら二週間~一か月でつくることが可能だそうです。しかしつくったことがある人は、発酵には、時間は必要と、当然知っています。お酢ならば最低六か月、味噌ならば十か月、醤油ならば一年と。

発酵食品の利点は善玉菌がたくさん含まれているということです。善玉菌には「自分が生きて生育するために、他の菌をある程度排除する」という性質があり、だから

こそ保存食になるのです。

しかし、市販の発酵食品は、ほとんど菌を活用していないのです。しかも、近年では、塩分をとりすぎないよう減塩タイプが好まれるため、発酵食品に添加される塩の量を減らしているものが少なくありません。食品における塩分の役割は、味をつけるだけではありません。塩に耐えられる発酵菌以外の雑菌が増殖するのを抑える働きがあるのです。

つまり、雑菌と戦ってくれる有益菌がおらず、菌の増殖を抑える塩分も少ない。この保存性の悪さを何で補うかというと、そこはやっぱり添加物と保存料、となるのです。

ですから、発酵食品もつくって欲しいのです。

・「だし麹」のヒントは母から

麹が流行ったのはこの七、八年前くらいからで、塩麹や醤油麹が注目を浴びました。でも、とっくの昔からわたしは塩麹も醤油麹も自分でつくって、皆さんに作り方を教えていました。わたしが独自にずっと作り続けているのが「だし麹」です。これは、すごくおいしいと、喜ばれています。

麹というのは60度以上になると麹菌が死んでしまうのです。ですから、60度未満で何時間かかけて、生麹と醤油とか、だしを入れて発酵させてつくっています。もちろん材料にもこだわっています。麹は出来立ての生麹、塩は天然の自然塩でと。

わたしのつくるだし麹は、煮物にちょっと入れてもいいし、お酢と割って、ドレッシングみたいに野菜にかけて食べてもいいし、お魚にかけても美味しいのです。

この「だし麹」のヒントは母が昔つくっていた「片口にだしじゃことお醤油を入れて、そこに昆布を入れて置いていたら旨味が出るでしょう」と言ってつくっていた、自家製のだし醤油からです。それをお漬物やお豆腐、おひたしにかけて食べていたのです。母は、すごく知恵者だったのではないかと思います。そういうのを見て**「あの時こうしていたからこれでエキスを出しておいて」**と思い出したものです。

わたしは、お酢にも、昆布を浸けています。瓶にお酢を入れて、その中に昆布を切って漬けておくのです。そうしたらお酢をかけた時に、昆布だしがちゃんと効いていて、色々な食材にかけるとおいしいのです。

・四十年作り続けている「手前味噌」

わたしが、味噌作りを本格的にはじめたきっかけは、ある新聞に味噌蔵のお味噌の不潔さ、ねずみがチョロチョロしてダニがいて、という記事を読んだことからです。それを見ていっぺんに、市販のお味噌を食べることができなくなってしまいました。

それから、お味噌づくりをして四十年になります。市販の味噌は塩分が多いので、塩分をどこまで減らせるか、挑戦しています。

自分の舌だけを頼って、お味噌をつくって今に至っています。

40年間味噌を手作りしていますが、その間にもいろいろなことがありました。たとえば麹屋さんに「麹とお塩を合わせて、発酵を止めてください」と言ったら、いい加減な量り方をするものだから同じ麹屋さんでも味が一定しないのです。

「この人の味噌は辛いわ…」、「あの人のお味噌は甘いわ…」で「ええ、なんでこんなに違うの?」というようなことがあったりして。

もう今は、特製の麹だけつくってもらって塩合わせは、自分たちでしています。お味噌の麹は、やはり出来立ての生麹がいちばんおいしいですし、塩もこだわりの塩で作りたいですので。

漬ける時期は二月です。「寒の水」と言っていちばん微生物の少ない時期、そして、一等米でつくった特製の生麹、新豆で仕込むのが、わたし流のこだわりです。

八月くらいに天地返しという作業をして、発酵を促進させてやり、そうして、十月くらいから食べられるのです。待ち遠しいですね。

四十年の間に試行錯誤を繰り返した、「手前味噌」。

他にはない味噌で、まさに**オリジナルの唯一無二の味噌**です。

おいしい、おいしいと皆さんに喜んでいただいています。

出来立ての味噌を胡瓜につけて食べたら、それはもう最高の味です。お味噌をそのまま塗って焼いたおにぎりもほんとうにおいしいです。

しかし、市販の味噌でそんなことをしたら、塩辛くて、ちょっと薬品臭くて、食べられたものじゃありません。また、今はいろんなところで手作り味噌の講座はやっていますが、塩分を多く入れるため、やっぱり塩辛いですね。

塩分が少ないと、味噌そのものの味がして食べやすいのです。そして毎日食べても、塩分をとりすぎることはありません。また、塩分は人間の身体には絶対に欠かせないものですから、本物の塩を使うことによって身体への影響はかなり変わるのです。

そして、多くの方に、お味噌は自分でつくってほしいと願っています。

マクドナルドが日本の食文化として、定着してしまいましたが、
わたしは、日本本来の食文化、

【味噌が「味噌作り」から「味噌汁」や「味噌料理」のすべてに至るまで、日本の

食文化として根づいてほしい】と。

そして、その普及に努めたいと思っています。

【其の四】―『歳時記を楽しむ』

・お正月の料理

子供のころは、お祭りやお正月などに親戚が来て集まったり、親戚のところに行ったりすると、大人は御膳を並べて飲み食いしました。それで、御膳の並べ方が自然に頭に入ったわけです。「カオルちゃん、ここにこれを置くのよ」といって、おばさんたちが教えてくれて、自分でもそれを並べていたのです。その時に「これが一の膳よ、二の膳よ」と。

また、お正月にはお餅つきをして、小正月には、またお餅をついて、おかきやあられを作りました。

二月になったらお味噌作りです。

そういった子供の時に見たこと、覚えたことを、今、しているのです。

・お雛様まつりと端午の節句

お雛様があって、その次に端午の節句。お雛様のときには、蔵に片づけてあったお雛様を出して飾ります。そして、その当時は菱餅もおばあちゃんがつくっていました。菱餅の順番は「雪がとけて（白）、新芽がでて（緑）、桃の花が咲くのよ（ピンク）」と言いながら飾っていました。お雛様を見て、心が躍り、手に取って眺めて、うきうき、ついには、お雛様を背負って走り回った記憶があります。

また、端午の節句は五月五日の子供の日で、国民の休日になっています。その時には、田舎の家だから、大きい鯉のぼりが一つではなくて二つくらい上げていたのです。それを下ろすと大きな口が開いているから、そこに入って遊んだものです。

そのうちに、その鯉のぼりが私たち三姉妹の洋服に変わっていました。わたしが小学校のころ、母は洋服の生地がないからといって、鯉のぼりを使って洋服をつくったのです。わたしのワンピースはちょうど胸のあたりが大きな目玉で、姉たちのワンピースは、うろこの模様だったり、それを着て嬉しくて、踊ったり、唄ったりと、姉妹三人でにぎやかに過ごした思い出があります。

母もすごく大胆な人だったなぁと…。

・お彼岸のぼた餅と秋のおはぎ

春のお彼岸になったらぼた餅をつくりました。「牡丹の花にちなんでいるから、大きいのよ」といってぼた餅をつくったものです。秋には萩の花にちなんで小さいおはぎが普通ですが、田舎のほうは萩も牡丹もみんな一緒で、大きいのばかりで、びっくりする大きさのおはぎでした。

結婚した時に、主人のお義母さんのところに「ぼた餅」と「いなり寿司」とをつくって持って行ったことがあったのです。そうしたら、その大きさにびっくりして「こんなの見たことないわ」と言っていました。こちらのいなり寿司は小さくて上品、田舎では三角のジャンボいなりでしたから。田舎のほうはなんでも大きいのです。都会では小皿にチョッチョッと上品に盛りますが、田舎では大鉢にどんと盛って「はい、好きなだけ食べなさい」と、大人も子供も一緒です。

お彼岸の供物や食べ物といえば「ぼたもち」と「おはぎ」ですが、基本的には同じものです。その季節に咲く「牡丹」と「萩」の花から、春は「牡丹餅《ぼたもち》」、秋は「御萩《おはぎ》」と呼び分けるようになり、作り方にも花の姿が反映されるようになりました。また、小豆の収穫期は秋なので、秋の「おはぎ」には皮ごと使ったつぶあんを用い、春の「ぼたもち」には固くなった皮を除いたこしあんを用いていたそうです。

一番よかったことは、母は何をするときでもいろいろと口に出して「これはこうするのよ」と一つひとつ教えてくれたことです。

そういったことが自分にとって、とても勉強になっていたのです。とにかく三歳から六歳くらいまでに目にしたこと、聞いたこと、触れたこと、習ったことが、今、本当に全部役に立っていると思うのです。

◇コラム…雛祭りと端午の節句

・雛祭り

雛祭りは日本において、女の子の健やかな成長を祈る節句の年中行事です。ひな人形（「男雛」と「女雛」を中心とする人形）に桜や橘、桃の花など木々の飾り、雛あられや菱餅などを供え、白酒やちらし寿司などの飲食を楽しむ節句祭りです。

江戸時代までは、和暦（太陰太陽暦）の三月の節句（上巳、桃の節句）である三月三日（現在の四月ごろ）に行われていました。

明治の改暦以後はグレゴリオ暦（新暦）の三月三日に行なうことが一般的になりました。

旧暦の三月三日は、桃の花が咲く時期であるため「桃の節句」とも呼ばれます。

・端午の節句

現代では「子供の日」として祝われる五月五日。この日はもともと五節句の端午の節句にあたります。端午の「端」は「はじめ」という意味で、「端午《たんご》」は五月最初の午《うま》の日のことでした。それが、午《ご》という文字の音が五に通じることなどから、奈良時代以降、五月五日が端午の節句として定着していきました。

江戸時代に入り、勢力の中心が貴族から武家に移るとともに、「菖蒲《しょうぶ》」の音が、武を重んじる「尚武《しょうぶ》」と同じであることから、「端午の節句」は、「尚武《しょうぶ》」の節句として、武家の間で盛んに祝われるようになりました。この節句は、家の後継ぎとして生まれた男の子が、無事成長していくことを祈り、一族の繁栄を願う重要な行事となったのです。三月三日のひなまつりが、女の子のための節句として花開いていくのに呼応するように、五月五日の端午の節句は、男の子のための節句として定着していきました。

鎧や兜を飾ることは、武家社会から生まれた風習です。身の安全を願って神社にお参りするときに、鎧や兜を奉納するしきたりに由来しています。鎧や兜を〝戦争道具〟と受け取る考えがありますが、武将にとっては自分の身を護る大切な道具であり、シンボルとしての精神的な意味がある大切な宝物でした。

現在は鎧兜が〝身体を守る〟ものという意味が重視され、交通事故や病気から大切な子供を守ってくれるようにという願いも込めて飾ります。

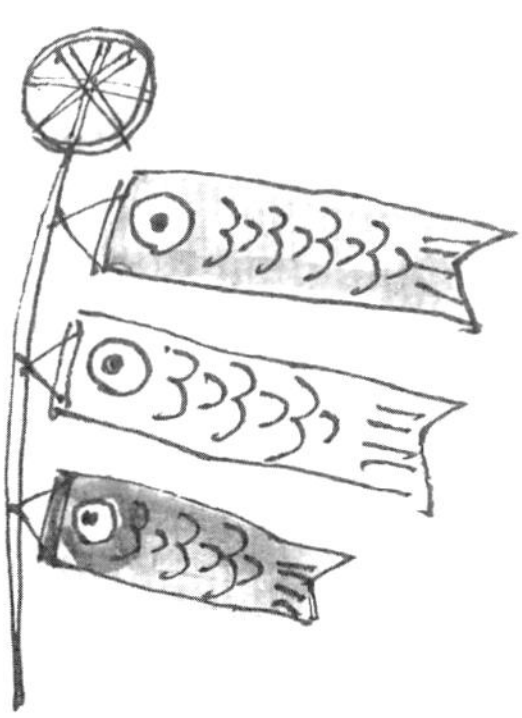

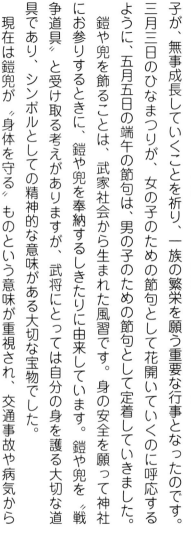

鯉のぼりは、江戸時代に町人階層から生まれた節句飾りです。鯉は、清流はもちろん、池や沼でも生息することができる、非常に生命力の強い魚です。その鯉が急流をさかのぼり、竜門という滝を登ると竜になって天に登るという中国の伝説にちなみ（登竜門という言葉の由来）子供がどんな環境にも耐え、立派な人になるようにとの立身出世を願う飾りです。

男の赤ちゃんが生まれて、初めて迎える五月五日の端午の節句を、初節句といってお祝いします。生まれたばかりの赤ちゃんが、じょうぶに、たくましい男性に成長するように、願いを込めてお祝いする行事で、江戸時代から続いているならわしです。

◇コラム…二十四節気について

【立春】　りっしゅん：二月四日ころ
二十四節気の最初の節気です。
暦の上ではこの日から春となり、さまざまな決まりごとや、節目となります。旧暦では立春近くが正月になので立春は春の始まりであり1年の始まりでもありました。まだまだ寒さは厳しいですが、立春を過ぎてから初めて吹く強い南風を「春一番」といいます。

【雨水】　うすい：二月十九日ころ
雪から雨へと変わり、降り積もった雪も溶けだす時期という意味です。
地域によっては雪深く、雪が降り続いていますが、雪溶け水も流れ出し春の足音を感じます。

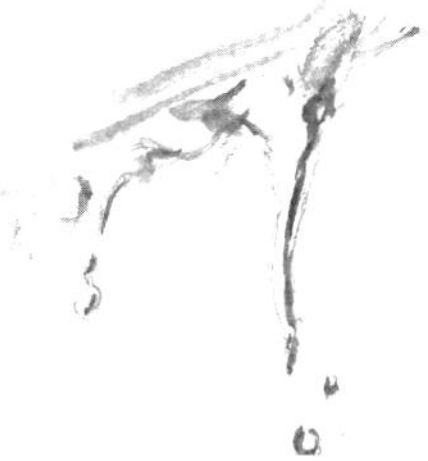

【啓蟄】　けいちつ：三月六日ころ
大地が温まって、冬ごもりから目覚めた虫が、穴から顔を出す時期。

「啓」はひらく「蟄」は土の中にとじこもっていた虫（蛙や蛇）という意味です。
ひと雨ごとに暖かくなり、日差しも春めいて生き物が活動し始めます。

【春分】しゅんぶん：三月二十一日ころ

昼夜の長さがほぼ同じになる日で、この日を境に昼が長くなります。
春分の日は彼岸の中日で前後3日間を春彼岸といい、先祖のお墓参りをする習慣があります。「自然をたたえ生物をいつくしむ日」として国民の祝日になっています。

【清明】せいめい：四月五日ころ

清明は「清浄明潔」の略で、森羅万象けがれなく清らかで生き生きしているという意味です。花が咲き、鳥は歌い、空は青く澄み、爽やかな風が吹き、すべてのものが春の息吹を謳歌します。南から北へとお花見の時期を迎えます。

【穀雨】 こくう：四月二十日ころ
春の雨に農作物がうるおうという意味です。この時期に農作物の種を蒔くと、雨に恵まれ、よく成長するといわれています。

【立夏】 りっか：五月六日ころ
暦の上では、この日から立秋の前日までが夏となります。
新緑に彩られ、さわやかな晴天が続く時期です。
ちょうどゴールデンウィークも重なり、外出するにもよい気候です。

【小満】 しょうまん：五月二十一日ころ
陽気がよく草木が成長して茂るという意味です。
農家では田植えの準備を始める時期。動物や植物にも活気があふれます。
また、秋に蒔いた麦の穂が付くころで安心する（少し満足する）という意味もあります。

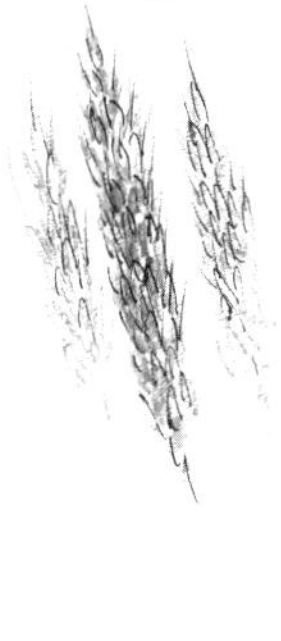

【芒種】　ぼうしゅ：六月六日ころ

「芒」とはイネ科の植物の穂先にある毛のような部分のことをいい、稲など穀物の種を蒔く時期です。田植えの目安とされ、農家が忙しくなります。

梅雨入りも間近で少し蒸し暑くなってきます。

【夏至】　げし：六月二十一日ころ

北半球では、太陽が最も高く昇り1年で最も昼が長い日です。

ただ、日本では梅雨の時期でもあり日照時間は短く、日の長さを実感できないかもしれません。暦の上では夏の折り返し地点にあたり、夏至を過ぎると暑さが増して本格的な夏になります。

【小暑】　しょうしょ：七月七日ころ

だんだん暑さが増していくという意味で、梅雨明けも近くなり、湿っぽさの中にも夏の熱気が感じられるようになります。また、小暑と大暑を合わせたおよそ1カ月を「暑中」といい「暑中見舞い」を出す期

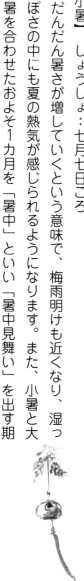

間とされています。

【大暑】 たいしょ：七月二十三日ころ
夏の暑さが本格的になるという意味です。
農家にとっては田の草取り、害虫駆除など暑い中での農作業が続く大変な時期です。また、土用の丑の日が近くうなぎを食べる時期です。

【立秋】 りっしゅう：八月七日ころ
厳しい残暑は続きますが、この日から暦の上では秋となります。
少しずつ涼しくなり、秋の気配が漂いだす時期です。また、立秋を過ぎたら「暑中見舞い」は「残暑見舞い」に変わります。

【処暑】 しょしょ：八月二十三日ころ
暑さがおさまるという意味で、日中は暑いものの朝晩の涼しさに初秋の息遣いを感じる時期です。夏休みもそろそろ終わり。
秋の台風シーズンに入ります。

【白露】　はくろ：九月八日ころ
秋が深まり、草花に朝露がつきはじめる時期という意味です。
空は高くなり、秋雲がたなびき、本格的な秋の到来です。
また、実りの秋を前に台風が心配な時期でもあります。

【秋分】　しゅうぶん：九月二十三日ころ
昼夜の長さがほぼ同じになる日で、この日を境に日が短くなります。
秋分の日は彼岸の中日で前後3日間を秋彼岸といい、先祖のお墓参りをする習慣があります。
「祖先を敬い亡くなった人をしのぶ日」として国民の祝日になっています。

【寒露】　かんろ：十月八日ころ
草木に冷たい露が降りる時期という意味です。
秋の長雨が終わり、秋が深まります。稲刈りが終わり、農作物の収穫もたけなわとなります。また、北の方から紅葉の便りが届きはじめます。

【霜降】 そうこう…十月二十三日ころ

早朝に霜が降りはじめる時期という意味です。
晩秋を迎え、北の方では朝霜が降り、山々は紅葉に染まります。

【立冬】 りっとう…十一月七日ころ

この日から立春の前日までが暦の上では冬となります。
木枯らしが吹き、冬の訪れを感じる時期。太陽の光が弱まって日も短くなり、落葉とともに、木々が枯れ始めます。木枯らしが吹くのは冬型の気圧配置になった証拠です。

【小雪】 しょうせつ…十一月二十二日ころ

木々の葉が落ち、山には初雪が舞い始める時期です。
「小雪」とは、まだ雪はさほど多くないという意味で、冬の入口にあたります。

【大雪】　たいせつ：十二月七日ころ
山の峰々は雪をかぶり、平地にも雪が降る時期です。本格的な冬の到来で、動物たちも冬ごもりを始めます。年末に向け、何かとあわただしい時期でもあります。

【冬至】　とうじ：十二月二十二日ころ
太陽が最も低い位置にあり、1年で最も夜が長く昼が短い日です。太陽の力が一番弱まる日ですが翌日からは再び強まるということから、運が向いてくる日とされています。また、冬至かぼちゃ、冬至粥、柚子湯などで、厄払いや無病息災を願う風習があります。

【小寒】　しょうかん：一月五日ころ
池や川にも氷が張り、寒さが厳しくなります。この日を「寒の入り」といい、寒さの始まりを意味します。そして、小寒と大寒を合わせたおよそ1カ月を「寒中」「寒の内」といい、寒中見舞いを出す時期とされています。

【大寒】　だいかん：一月二十日ころ

冷え込みもはげしく、寒さが最も厳しいころです。二十四節気の最後の節気で、この時期を乗り切れば春が近い。寒気を利用した食物（凍り豆腐、寒天、酒、味噌など）を仕込む時期です。

※各節気の期間は約十五日ですが、毎年同じ日付とは限りません。その年のカレンダーなどで確認してください。たとえば、カレンダーに「二月四日・立春」「二月十九日・雨水」と記載してあれば、二月四日から二月十八日までが立春です。

第5章

私が元気で過ごせる理由

『先生は、いつお会いしても元気ですね』

何年かぶりにお会いした生徒さんからは『変わってないですねー。』

『先生を目標にしています』

という、ありがたいお言葉の数々をいただきます。

それはやはり、わたしはまだまだやりたいことがたくさんあって、それを伝えたい人がたくさんいて、何より、わたしを必要としてくださる方がいるということが、元気で過ごすことのできる理由だと思っています。

■「病は気から」

「毎日を明るく元気に過ごしたい。充実した日々を送りたい。」という思いと、目標をもって過ごすこと、そして「健康でいる」ことこそが、とても大切なのです。

残念ながら今の医学では病気や老化を完全に避けることは困難です。しかし、自分の考え方や料理の方法、生活の工夫で、結果は大きく違ってくると思っています。

健康に関する正しい料理の知識を身に付け、それを実践することによって、避けることのできる病気も少なくはありません。生活習慣病といわれる、糖尿病・高血圧・脂質異常症は特にそうですよね。

また「病は気から」と言われます。ほんとうにその通りで、わたしが子育てをしていたころ、子供が、お腹が痛いと言うので「お薬よ」と言って、ほんの少しの小麦粉を舐めさせたら、けろっとよくなりました。そんなものなのです。

ですからわたしは、何かあっても「大丈夫、大丈夫」と、前向きに考えるのです。医学的にも、免疫機能を調べる研究によると、楽しい記憶を思い出した人の免疫細胞は、数も増加し活発に作用するそうです。つまり、積極的ではつらつとした楽観的な考え方ができる人は、病気にかかりにくく、治りやすいということです。

私たち人間の脳は複雑そうで、意外と単純なのだと思います。自分の発する言葉や考え方で、自分自身の体に影響を及ぼすことができるそうです。いつも不平不満を口にしていると、それに合わせて気持ちもどんどん消極的になり、悲観的になります。

食べる物にも「あれが嫌い」「これが嫌い」と、言う人がいますが、わたしはその時「食べ物の好き嫌いが多い人は、人の好き嫌いも多いのよ」と、ピシャリと言います。だって、何でも美味しく食べることができる、ということは、本当に幸せだと思っていますから。

■生徒さんからいただく活力

一年ほど前にいただいた生徒さんからのお手紙を少し紹介させていただきます。

わたし○○は料理を作ることは好きでしたが、2年前より教室に通うきっかけが出来、初めて教室に参加させて頂き、先生をはじめスタッフ皆様のアットホームな雰囲気で心地よく学ぶことができて続けている次第です。

私は二人の娘を社会に送り出し、孫も見せてもらい、おばあちゃんにもなれましたが、親である私たちは「生まれた赤ちゃんを一人の大人として社会に送り出すまで育てる」という、一大プロジェクトを担っていることを、料理教室を通して改めて学ぶことか出来感動しました。

家庭の心はお母さんの愛情惣菜にて、家族がほっとでき、明日に向かうエネルギーが補給される場でありたいと思います。

これからも料理を通して良かった探しをしたいと思います。

ほんとうに、心温まるお言葉をいただき感謝いたします。

松下幸之助の格言に「商売とは、感動を与えることである」とあります。わたしは、料理を教えていることを商売と思ってはいないのですが、ただ、人と接して、物事を教えるということは、やはり感動を与えることだと思っています。松下幸之助の教えでもあるように、まず、人の心がけとして大切なことは「感謝」と「謙虚」、この二つです。

松下幸之助の著作「指導者の条件」の中に書かれている一節に、

「感謝報恩の心を持つということは、人間にとってきわめて大事なことである。いうまでもないことであるが、人は自分一人の力で生きているのではない。いわゆる天地自然の恵みというか、人間生活に欠かすことのできないさまざまな物質が、自然から与えられているのである。また、多くの人々の物心両面に労作というものがあって、はじめて自分の生活なり仕事というものが存在し得るのである。（中略）感謝報恩の念の強い人には、すべてが喜びとなり、心も明るく、また他とも調和し共存共栄と言った姿を生み出しやすい。」

とあります。

指導者は何ごとに対しても、深い感謝報恩の念を持たなければならないという意です。

今のわたしたちは、便利な生活が当たり前になってしまって、何の心配もなく暮らしています。空気、水、電気、等の様々なこと、そして毎日当たり前のように食べることのできる食事、これらはすべて、先人からの恩恵なのです。

だから、わたしたちは「自然の恵みや他の人々の働きによって生かされている」、このことをおろそかにしてはいけません。

そして、そこに深い感謝と喜びを味わい、自然の恵みや人々の恩に対して報いていくという気持ちを持つことが大切なのです。

そうすると、すべてが「喜び」となり、心も明るく、他とも調和し、「共存共栄という姿」を生み出しやすいということです。

30年という長い間、料理教室に参加し続けてくださっている皆様、そしてこれからも続けていきたいと言ってくださる皆様に感謝いたします。その思いに**「報いていく」**この思いこそが、わたしのエネルギーの源です。

この信念というか神髄は父から教わったことだと感じています。

父は「世のため、人のためにと、何事にも惜しまない人」でしたので。

■これからの世代へ

「人生は一度きり」という言葉がありますが、まさにその通りだと思います。一度しかない人生だからこそ、何事にも意欲的に取り組み、失敗を恐れずに挑戦し続けることが大切なのです。そんな中、わたしは「次世代」が気がかりです。

現代の「食」を取り巻く環境…。急速に、豊かで便利になった社会…。「飽食の時代」といわれ、食べ物があふれ、いつでも、どこでも、子供でも、簡単に手に入れることができてしまいます。そして、食に関する間違った情報も氾濫しています。

今の食生活は、欧米国中心の食生活、肉類、脂質の多いもの、そして偏った食事、行き過ぎたダイエット…言い出したらきりがありません。さらに、外食や加工食品などを利用する回数の増加、それら外食産業の多くには食品添加物、化学調味料が含まれているのです。繰り返しになりますが、今や、子供も大人も食べることで健康を害する時代…。

現在の日本では、栄養バランスの崩れなどから、大人から子供まで生活習慣病の予防が課題となっており、食料の海外依存、食べ残しなどの食料資源の浪費など、私たちの食生活のあり方は、たくさんの問題をかかえています。**そして、その食の乱れが、心が病み、犯罪、家庭内暴力、親子や夫婦の断絶、キレる子供などが増加する大きな原因になっているのです。**また、伝統的な食文化が消えていくことも残念なことです。

「食育」という言葉をよく耳にする機会が増えたと思いませんか。

文部科学省「食育推進事業」の開始や「食育基本法」の施行により、メディアでも情報があふれています。

しかし「一体何のことなのか、きちんと把握し理解していますか。」

そして「実践できているでしょうか。」

「食育」は、食べ方や栄養の教育とうけとめられがちですが、それだけではなく、もっと大きな意味を含んでいます。

それは**「食を通して人間として生きる力を育む」**ことです。

毎日、朝、昼、晩と三度口にする食べ物が、私たちの体をつくり、成長させ、活動源となり、病気に抵抗する力、免疫力を生み出します。

ですから「食べる大切さ」を知ることが重要なのです。

■家庭における食育の重要性

食育は〝子供のため〟だけだと思っていませんか。

食べるという行為は、生きるための基本です。ですから、「食育」は生まれたばかりの赤ちゃんから、もちろん大人も、お年寄りまで、すべての人に必要なのです。

では、なぜ子供のための食育がクローズアップされているのでしょうか。

子供は食の知識が十分ではなく、家庭での見守り、そして指導がとても大切なのです。

そして、最も大事なことは、「食育」は学校や社会で行う特別なイベントに参加することではありません。家庭で実践することなのです。

わたしは年に何度か、学校や地域で講演を行います。

最近では、「テーマは食育でお願いします」ということも増えてきましたね。ほんとうに意味がわかっているのかしら…と疑問に思いますが…。

「みなさん、毎日お料理、つくっていますか?」

「何を考えて、そして何を想ってつくっていますか?」

「あなた方のつくる料理が、子供の体の基盤をつくるのですよ」

まあ、一瞬会場が静まり返りますね。そして、わたしの話を真剣に聞こうとするのです。誰かが気づかせなくては、いけないのです。**自分が、誰のために食事をつくり、その食事がどう作用するのかを。**自然に考えれば誰でもわかることです。そして、同じものを、一緒に食べるということの大切さ、それこそが家族の絆を生み、子供の心を安定させ、成長の糧になるのです。

似た者家族、似たもの夫婦といいますでしょ。同じものを食べて生活するから、長年一緒にいると、顔も考え方も似てくるのです。そうして、絆が深まり家族となっていくのです。

ですから**【健康と家族の絆は、愛情のこもった手作りの健康家庭料理から】**なのです。

この先、わたしがすべきことは、時代の移り変わりを知る人間の一人として、料理の本質を伝え続けていくことです。そして、もういちど念押し、します。

『できるなら…』とか、『少しずつでもいいから…』

なんて甘い言葉は言いません。

『料理をしなさい』の一言です。

以上

これが私の料理の流儀です。

第 6 章

旬と暮らす十二か月

『旬と暮らす十二か月』

日本には様々な風習や節目があります。
昔ながらのしきたりと文化、
ご家庭で受け継いで頂きたい料理など、
成り立ちや意味を知って身近に感じ、
古きよき日本の文化の継承ができますように。

一月【睦月】

「あけましておめでとうございます」

年初めの挨拶、
大切にしたいですね。
小さい頃お屠蘇の時に、
一年の抱負を言うのが
我が家のしきたりでした。
この経験が人前で話すことに
繋がったのではと思います。

『おせち料理』

黒豆の艶煮

一年中「まめ」に働けるほど健康に
という意味をこめて。

【材料】

ぶどう豆（黒豆）　３００g
＊水　5カップ
　三温糖　２００g
　醤油　大さじ2
　塩　小さじ1／2

【作り方】

①ぶどう豆（黒豆）はサッと洗う。
②お鍋に＊を入れて煮立て、三温糖が溶けたら火を止めて①を加えて一晩、漬けておく。
③中火で加熱し沸騰後、ホタル火で3時間ほど煮て黒豆が柔らかくなったら火を止める。
④そのまま冷まして味を含ませる。

※密閉容器に汁ごと入れて冷蔵庫へ。
三日目ぐらいが食べ頃。一週間ほど保存可能。
※黒豆を煮るときには、重曹を加えないようにしましょう。
重曹を入れて煮ると早くやわらかくなりますが、ビタミンが破壊されてしまいます。

伊達巻き

【材料】

＊┌卵　5個
　│はんぺん　120g
　│酒　大さじ1／2
　│みりん　大さじ1
　│三温糖　大さじ2
　└塩　小さじ1／4
油　適宜

【作り方】

①＊の材料をすべてフードプロセッサー（又はブレンダー）で攪拌する。
②厚手のフライパンを適温に温め、油を入れて、①を流し入れて蓋をする。
③表面が乾くまで弱火で焼く。
④鬼寿に取り出して巻き込み、輪ゴムをはめて、粗熱が取れてしっかりと型がつくまで、そのまま置いておく。

富貴寄せ煮

【材料】

ごぼう　1／2本
人参　1本
こんにゃく　1丁
小芋　10個
干し椎茸　5枚
筍　小2個
れんこん　1／2本
絹さや　10枚

◇煮汁
だし汁　1．5カップ
酒　60cc
みりん　60cc
薄口醤油　60cc
三温糖　大さじ2
塩　小さじ1／2

【作り方】

①ごぼう（斜め切り）人参（ねじり梅・2cm厚さ）こんにゃく（手綱）小芋（六面切り）干し椎茸（亀）筍（放射・扇）蓮根（花切り・2cm厚さ）絹さや（矢羽根）に飾り切りする。
②厚手のお鍋に絹さや以外の材料と◇煮汁を入れる。※人参・蓮根は上に。
③中火で加熱し沸騰後ホタル火で約15分煮る。
④お鍋から移して、煮汁ごと保存容器に入れて味を含ませる。
※人参・蓮根は太めに切って炊いているので、盛り付けるときに、食べやすい大きさに切る

『語呂合わせ、
掛詞を詰め込んで』

根菜を中心とした一緒に煮た煮物には家族仲良く、一緒に結ばれるという願いがこもっています。

蓮根…先見の明を養う
牛蒡…細く長く堅実に
小芋…子孫繁栄
手綱こんにゃく…
　手綱を締めて
　　心を引き締める
筍…子供がすくすく育つ
梅人参…実を結ぶ・良縁
など、野菜それぞれにも
意が込められています。

二月【如月】

最も寒い時期ですね。
寒いので重ね着をして
暖をとる【衣更着】
が語源です。

この最も寒い時期に
仕込む
『寒仕込み味噌』。
祖母が作っていた記憶
を頼りに
『とにかく安全で安心
な味噌を作りたい』と
自分好みの手前みそを
作り続けています。

寒仕込み味噌

【材料】
※出来上がり3～4kg
自然発酵米麹　1枚半
天然の自然塩　250g
大豆　600g

【作り方】
①大豆はザっと洗って、大豆に対して3倍の水に、一晩漬けておく。
②中火で加熱し沸騰後ホタル火で柔らかくなるまで3～4時間煮る。
③大豆の水気をきって潰す。
④米麹・塩と潰した大豆を合わせて味噌玉を作る。
⑤消毒した味噌容器に隙間なく詰め込む。
⑥表面に塩をふり、出来るだけ空気に触れないように密閉して保存する。
※夏過ぎ、(8～9月頃)に天地返し
※10月頃、美味しく出来上がり。

柚子味噌

【材料】
自家製味噌　50ｇ
酒　大さじ１
みりん　大さじ２
三温糖　小さじ２
柚子の皮　１／２個

【作り方】
①小鍋に自家製味噌・調味料を入れて混ぜる。
②中火弱で加熱し沸々としたら火を止め、粗熱が取れてから柚子の皮を加える。

さばの味噌煮

【材料】
鯖　４切れ
生姜　１カケ分
◆煮汁
水　１００cc
酒　大さじ２
みりん　大さじ２
醤油　小さじ１
三温糖　小さじ２
味噌　大さじ２〜

【作り方】
①お鍋に煮汁の調味料・生姜を入れて、沸々としてきたら、サバは皮目を上にして重ならないように入れて煮る。
②味噌を小さな容器に入れておき、煮汁を加えて溶きのばす。
③②をお鍋に戻して味噌が全体に馴染んだら、サバにかけながら少し煮詰める。

『七福を巻き込む玄米ご飯の恵方巻』

節分には欠かせない
巻き寿し。
我が家の恵方巻は具沢山。
七福神にあやかって
7種類の具を巻き込みます。
邪気を払い一年の健康を
願って恵方に向かって
丸かぶり。

【材料】

◆寿しめし

腸寿玄米　1カップ
白米　1カップ
酢　40〜60cc
三温糖　大さじ3
塩　小さじ2／3
水（※酢含む）　440cc

◇具材

＊厚焼き玉子

卵　3個
はんぺん　70g
みりん　大さじ1
三温糖　大さじ1
塩　少々
油　適宜

＊人参・ごぼう・蒲鉾

人参　1／2本
ごぼう　1／2本
蒲鉾　1／2本
◇煮汁
だし汁　1カップ
酒　大さじ1．5
みりん　大さじ1．5
醤油　大さじ1．5
三温糖　大さじ1強
塩　少々

＊椎茸

干椎茸　4〜6枚
◇煮汁
だし汁　1カップ
※椎茸の戻し汁含む
酒　大さじ1．5
みりん　大さじ1．5
醤油　大さじ1．5
三温糖　大さじ2強
塩　少々

＊ほうれん草
＊お漬物
◇巻き海苔

【作り方】

◆寿し飯を炊く

①お鍋（高純度ステンレス製）に、お米・水・調味料を全て入れる。

②中火→沸騰後→ホタル火で10分→蒸らし10分。
③飯切りに移して粗熱をとる。

＊厚焼き玉子を作る

①材料をすべてフードプロセッサーに入れて撹拌する。
②厚手のフライパンを温めて油をしき①を入れて、蓋をして表面が乾くまで焼く。棒状に切る。

＊人参・ごぼう・蒲鉾

①材料は棒状に切る。
②お鍋に煮汁を入れて人参・ごぼうを煮る。
③人参・ごぼうを取り出して、蒲鉾をサッと煮る。

＊椎茸

①干椎茸はサッと洗う。
②お鍋に煮汁を入れて椎茸を入れて煮る。
③煮詰める。

＊ほうれん草

蒸し器で加熱後、サッと水にさらして色止め→水気を絞る。

＊お漬物

棒状に切る。

◇仕上げる

①巻きすに海苔を置き、寿し飯を広げる。
②具材を並べる。
③巻き込む。

※すし飯を炊く場合は「酢」・酸に強い材質、高純度のステンレス製の調理器具を使用。
「酸に弱い材質」で、お酢の料理をすると金属との化学変化を、おこす可能性があります。ご注意ください。

三月【弥生】

芽吹いた草木がいよいよ
生い茂る月である
という意から『弥生』。
三月は何といっても
3月3日のお雛様ですね。
姉妹の昔話に花が咲くと
いつも私がお雛さんを
背負っていたと…（笑）。
田舎でしたのでひし餅も
当然作っていました。
母はひし餅の順番を
『雪がとけて（白）
新芽が出て（緑）
花が咲く（ピンク）』
と教えてくれました。

お人形仕立ての『お雛寿し』

【材料】

◇おこわ寿し

もち米　1カップ

白米　1カップ

酢　40cc

砂糖　大さじ2

酒　大さじ1

塩　小さじ2／3

水（※酢含む）　400cc

◇薄焼き卵

卵　3個～

油　少々

うずらの卵　5個

◆飾り

絹さや／かまぼこ／黒練りゴマ／食紅

【作り方】

◇おこわ寿しを炊く。

①お鍋（高純度ステンレス製）に、お米・水・調味料を全て入れて混ぜる。

②中火→沸騰後→ホタル火で10分→蒸らし10分。

③粗熱が取れたら三角のおにぎりを作る。

◇薄焼き卵を焼く。

①フライパンを温めて油をしき、溶き卵を流し焼く。

②半月に切る。

◇お人形に見立てて仕上げる。

①三角ににぎった、おこわ寿しに、薄焼き卵を着物に見立てて着せる。

②うずらの卵で顔を作る。

③蒲鉾・絹さやなどで、飾り付ける。

蛤のお吸い物

【材料】

蛤　8個

酒　大さじ1

だし汁　3カップ

薄口醤油　小さじ1／2

塩　少々

花麩　適宜

【作り方】

①蛤を酒蒸しする。

②小鍋にだし・調味料を入れて味を整える。

③お椀に蛤を盛り付け、吸い物だしをはって花麩を飾る。

四月【卯月】

卯の花が花を咲かせる時期。田植えの『植月』という説もあります。4月は入学や就職といった新しい門出。お祝い事には『お赤飯』がつきものでした。色とりどりの花が咲き桜も満開。岡山の山桜の下でお弁当を広げてお花見をしました。その場所は崖っぷち…。今思えばちょっと危なかったですね。

お祝い事に『お赤飯』

【材料】
もち米　1カップ
白米　1カップ
小豆　1／4カップ
塩　小さじ2／3
水　2カップ

【作り方】
①お鍋に水を入れて沸騰後、サッと洗った小豆を入れる。
②蓋をしてホタル火で小豆に九分通り火が通るまで、約20～30分煮る。
③洗ったもち米・白米・塩を加えて全体を混ぜて、水加減を調整する。
④再度沸騰させ、沸騰後ホタル火で10分。蒸らし10分で出来上がり。

※一般には小豆のアクは一度茹でこぼすとありますが、小豆のアクにはサポニンという利尿作用に効果的な栄養素が含まれています。高純度ステンレス製の調理器具では、金属の化学変化によるアクが出ませんので、茹でこぼしの必要はありません。

＊ゴマ塩の作り方＊
・小鍋に黒胡麻と塩と水を入れて炒りながら、水分をとばす。

五月【皐月】

一年のなかで過ごしやすく爽やかな時
期ですね。このころに吹く風といえば
『薫風―くんぷうー』
新緑の中を吹き抜ける風のことです。
私、カオルも風のように
山の中を駆けめぐっていましたね。

蕗・たけのこ・お豆の『新緑ご飯』

【材料】
白米　2カップ
酒　大さじ1
水　480cc
塩　小さじ2／3
筍　70g
ウスイ豆　1／2カップ
ふきの青煮　適宜
木の芽　適宜

【作り方】
①お鍋に白米・調味料・水を入れて上にスライスした筍をのせる。
②蓋をして中火で加熱し沸騰後ホタル火10分。蒸らし10分。
③器に盛り付けて塩茹でしたウスイ豆・ふきの青煮・木の芽を飾る。

『ふきの青煮』

【材料】
ふき　3本
出し汁　1カップ
薄口醤油　大さじ1〜
みりん　大さじ1
酒　大さじ1
塩　少々

【作り方】
①ふきを板摺する。
②サッと加熱後、冷まして皮をむく。
③小鍋に出し汁・調味料を入れて沸かし、味を整え冷ましておく。
④きちんと冷えた出しに、ふきを漬ける。

六月【水無月】

一年のちょうど半分。
六月三十日は
『夏越しの祓』
今後半年間も無事に
過ごせるように
和菓子
「水無月」を
いただきます。

『魚の煮つけ』

【材料】

魚　4切れ
生姜　1カケ分

◇煮汁
酒　50cc
みりん　30cc
醤油　30cc

きゅうり・貝割菜

【作り方】

①魚の背に飾り包丁、生姜は千切りにしておく。
②お鍋に◇煮汁と生姜を入れて、沸々としてきたら魚の皮目を上にして入れる。
③蓋をして再度沸騰してきたらホタル火で7〜10分程煮る。
④器に盛り付けて初夏らしくきゅうり・貝割菜を添える。

七月【文月】

大人になるとつい忘れてしまった節句のひとつ、七夕さん。小さい頃、短冊に『お姫様になりたい』と書いた記憶が…。親子は似るのでしょうか。娘も同じ事を…（笑）

―夏の保存食―
『自家製ピクルス』

【材料】
◇ピクルス液
酢　400cc
砂糖　50g
水　100cc～
ローリエ　1枚
粒コショウ　少々
赤唐辛子　1本
塩　小さじ1
※ビワミン　50cc

【作り方】
◇ピクルス液を作る。
①お鍋にピクルス液の材料を入れて加熱する。
②※ビワミンを加える。
＊セロリ・パプリカ・キュウリは、それぞれ瓶に詰め込みピクルス液を入れる。（※2～3日で完成）
＊大豆はサッと洗って水気を拭き取り瓶に詰めてピクルス液を入れる。（※10日～2週間で完成）

※「酢」・酸に強い材質、高純度のステンレス製の調理器具を使用。「酸に弱い材質」で、お酢の料理をすると金属との化学変化を、おこす可能性があります。ご注意ください。

八月【葉月】

まだまだ暑さは残るものの暦の上では秋が始まる月。
葉の落ちる月「葉落月」が転じて『葉月』。
お盆、お団子を作って迎え火をして
『キュウリを馬に見立てて
早く帰ってきてねと願い、
なすは牛に見立てて
ゆっくり帰ってね』と。
ご先祖様にお膳を供えて
感謝する祖母たちの光景。
日本ならではの夏の風習を
大事にしたいものですね。

『茄子の冷やし鉢』

【材料】
なす　2～3本
片栗粉　適宜
かぼちゃ　適宜
揚げ油　適宜

一番だし　1カップ
酒　大さじ1
みりん　大さじ1
薄口醤油　大さじ1／2
塩　少々

パプリカ（赤）　適宜

【作り方】
①小鍋に一番だし・調味料を入れて、煮立てて、味を整え、冷ましておく。
②茄子の切り口に片栗粉を付けて揚げる。かぼちゃは素揚げ。
③器に盛り付けて、冷やした出しをはり、パプリカを飾る。

『白玉団子』

【材料】
白玉粉　100g
絹豆腐　150g
茹で小豆　適宜

【作り方】
①ボールに白玉粉・絹豆腐を入れて耳たぶ位の柔らかさに練り込む。
②棒状に伸ばして均一に等分し、丸める。
③沸騰した湯の中に入れ、浮き上がってきたら冷水に取り出す。
④器に盛り付け小豆を添える。

九月【長月】

秋の深まりとともに、
だんだんと夜が長くなる
「夜長月」を略して『長月』。

お月見団子をお供えし
すすきを飾って見上げる
丸いお月さま。
子供の頃、岡山のお月さんは
大きく、大阪のお月さんは
小さくて、
『お月さんはいくつあるの？』
と不思議でした。

『秋野菜ときのこの天婦羅』

【材料】

海老　適宜
生椎茸　適宜
舞茸　適宜
人参　適宜
さつま芋　適宜
いんげん豆　適宜

◆天ぷらの衣

卵　1個
水　150cc
小麦粉　1カップ
揚げ油　適宜

◆天つゆ

水　250cc
みりん　50cc
醤油　50cc
カツオ　1パック（3g）

【作り方】

①海老は背ワタを取り、殻をむいて、尾の下処理をしておく。人参は棒状に、さつま芋は輪切りにする。

②天ぷらの衣を作る。

③揚げ油は１７０～１８０度の適温にする。

④海老は小麦粉を付けてから天ぷらの衣にくぐらせて揚げ、野菜はそのまま天ぷらの衣へ。

⑤天つゆを作る
小鍋に水・調味料を入れて、沸騰したらカツオを加えてひと煮立ちさせる。しばらく置いてカツオが沈めば出来上がり。

十月【神無月】

神々が出雲の国に行ってしまい
留守になるという意の『神無月』。

根菜・果物・木の実と、
まさに実りの季節。
木に登って柿や栗ひろいと…。
授業が始まったのも
知らずに夢中で拾い
先生が呼びに来ましたね。

『茶碗蒸し』

【材料】
鶏肉　10g×4
下味
醤油・酒　少々
生椎茸　2枚
銀杏　4個
かまぼこ　4切れ
海老　4尾
三つ葉　適量
柚子の皮　適宜
■卵液
卵（M）　2個
一番だし　400cc
塩　小さじ2/3
酒　大さじ1
薄口醤油　小さじ1

【作り方】
①一番出しをとる。
お鍋に水と出し昆布（5㎝角）を入れて30分ほど置く。中火で煮だし沸騰寸前に昆布を取り出す。カツオを入れてひと煮立ちさせ、しばらくおいてからこす。
②一番出しが熱いうちに、塩・調味料を加えて合わせておく。
③具材を準備する
鶏はひと口大に切って醤油・酒で下味をつける。
海老は背ワタを取って尾の部分の下処理をしておく。
④具材を器に入れる。
■卵液を作る
⑤ボールに卵を割り入れて、しっかりと溶きほぐしておく。
②が人肌程度に冷めたのを確認し、卵と合わせる。
⑥④に卵液を流し入れる。
⑦沸騰後ホタル火で10分~12分ほど蒸す。
⑧三つ葉、柚子の皮を飾る。

十二月【霜月】

日に日に寒くなり、霜の降りる月という意の『霜月』。
【七五三】3歳は男女児、5歳は男児、7歳は女児の成長を祝う儀式です。紅白の千歳あめがつきもので、千歳あめは年の数だけ袋に入れるのがよいとされています。

ひじきの煮物

【材料】
長ひじき（乾）25g
人参 50g
こんにゃく 80g
薄揚げ 1枚
ゴマ油 小さじ2
◆煮汁
水
※戻し汁含む 200cc
酒 大さじ1
みりん 大さじ2
醤油 大さじ1
三温糖 大さじ2
塩 小さじ1／4
絹さや 適宜

【作り方】
①ひじきはサッと洗い1カップの水で戻す。人参・こんにゃく・薄揚げは細切り。
②お鍋を温めてゴマ油を入れて人参・こんにゃく・薄揚げを炒める。
③ひじきを加えて、サッと炒める。
④煮汁を入れて炊く。（約10分）
⑤少し煮詰めてコクを出す。

人参の真砂和え

【材料】
人参 1／2本（千切り）
明太子 1腹（中身をだしておく）
酒 大さじ1～

【作り方】
①お鍋に人参を入れて酒蒸しする。
②明太子を加えて炒りつける。

セロリと蓮根の洋風きんぴら

【材料】

セロリ　1／2本（斜め切）
蓮根　5㎝（いちょう切）
ニンニク　1カケ（みじん切）
オリーブオイル　大さじ1
白ワイン　大さじ1
醤油　小さじ1～
塩・コショウ　少々

【作り方】

①フライパンを温めてオリーブオイル入れてニンニクを香りよく炒める。
②セロリ・蓮根・ワインを入れて蓋をして少し蒸す。
③醤油・塩・コショウで味を整える。

ごぼうとこんにゃくのピリ辛炒め

【材料】

ごぼう　1／2本（斜め切）
こんにゃく　50g～（細切）
酒　大さじ1
みりん　大さじ1
三温糖　小さじ1
醤油　大さじ1／2～
ゴマ油　大さじ1～
赤唐辛子　1本（輪切り）

【作り方】

①お鍋にごぼう・こんにゃくを入れて酒蒸しする。
②調味料を加えて味を整え、仕上げにゴマ油と唐辛子を入れる。

かぼちゃの煮物

【材料】

かぼちゃ　400g
◇煮汁
だし汁　1／2カップ
砂糖　大さじ1／2
みりん　大さじ1
醤油　大さじ1
いりこ　5～6尾

【作り方】

①かぼちゃは2㎝角に切る
②お鍋にかぼちゃの皮を下にして並べ煮汁を入れ煮る。

十二月【師走】

師（僧）が馳せる月という意の『師走』。
いよいよ今年も残りわずかですね。
だんだん暮れになるにつれてお正月の
準備に大忙し。しめ縄作り・
お膳の用意や漆器の用意。
餅つきは祖母が取り仕切り、
大きな板台の前でちぎって
渡された餅をせっせと丸める私。
3歳頃でしたでしょうか。
この頃の記憶・味覚・感覚が
今の私の原点に
なっているのでしょうね。

『風呂吹き大根』
—蟹あん仕立て—

【材料】

大根	1／2本
昆布だし	3カップ
酒	大さじ1
◇蟹あん	
蟹身	適宜
だし汁	1．5カップ
酒	大さじ1
みりん	小さじ1
薄口醤油	大さじ1
塩	少々
◆水溶き片栗粉	
片栗粉	大さじ1
水	大さじ2
三つ葉	適宜

【作り方】

①大根は2㎝厚さの輪切りにする。

②お鍋に大根を並べて昆布だし・酒を入れて煮る。

③蟹あんを作る
小鍋にだし汁・調味料を入れて加熱し、蟹身も加えて味を整える。

④◆水溶き片栗粉でとろみをつける。

⑤器に大根を入れて、たっぷりと蟹あんをかけ、三つ葉を飾る。

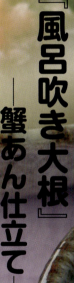

『鮭と根菜の粕汁』

【材料】

塩鮭（中辛・辛口）　2切れ
※アラの部分でも可
大根　5㎝
人参　1／2本
こんにゃく　1／2丁
小芋　5〜6個
油揚げ　1枚
だし汁　5カップ
塩　小さじ1
酒粕　150〜200g
白味噌　大さじ2
薄口醤油　小さじ1

【作り方】

①塩鮭はひと口大に切り、

※アラの部分はザっと熱湯を通して臭みを抜いておく。

大根…いちょう切り

人参…梅型スライス

こんにゃく…短冊

小芋…ひと口大

油揚げ…細切り

②お鍋に出し汁を入れて具材を入れて煮る。

③具材に火が通ったのを確認し、酒粕・白味噌・薄口醤油・塩を加えて味を整える。

④お椀に盛り付け、三つ葉・柚子を飾る。

中島カオル
こだわりの
【料理道具】
【食材】

私が提唱する料理

gourmet・healthy・speed

【美味しく、塩分・油分・糖分を控えて簡単に早く出来て、尚且つ栄養はきちんと残す】

料理の実践をし続けるためには、安全で安心な料理道具と食材が必要不可欠です。

いくら良い食材を選んでも、煮炊きするお鍋やフライパンの材質が公害性のあるものだと、食材の旨味や栄養価が半減どころか害になってしまう事も…。

安物買いの銭失いをせずに、一生を共にできる、無公害の料理道具を選び、毎日安心して続けることのできる食材を見極めることこそが、健康料理の蓄積なのです。

【腸寿《ちょうじゅ》玄米】

「自然の恵み」のみで作られた、「無農薬」「無肥料」の玄米です。

ですから、毎日食べても安心で安全。そして、酵素をいちばん元気に保つために、直接紫外線があたらないように守って作った玄米。

何より、炊くのが簡単で毎日続けて頂けます。炊く時間、水加減は白米と同じですので、そのまま100%で炊いたり、白米に混ぜたりと、その日のメニュー・気分に合わせていただけます。

腸寿玄米―「食べる酵素」

緑のお米、腸寿玄米。緑の理由、それは酵素を最も蓄えている状態だから。酵素をいちばん元気な状態に保つため、わざわざ直接紫外線のあたりにくい北側斜面に田んぼを開墾。また、酵素は加熱に弱いのが定説ですが、このお米は 200～300℃の熱にも耐えることができます。玄米を炊いた後も一般的なお米の約1000倍もの酵素を持っています。実はイネは地球上で一番強い植物です。その強さを一番良い状態でいただけるのが腸寿玄米です。

―【炊き方】―

腸寿玄米は玄米ですが、白米と同じ水加減、同じ時間で炊くことができます。

腸寿玄米100%でも良いですし、白米と半々で炊いても美味しく召し上がれます。

【始皇帝の塩】

かつて始皇帝に献上された塩と同じ古式製法で精製された自然結晶塩。10カ月以上の歳月をかけ、火を一切使用せずゆっくりと熟成させるので、海水中の微量ミネラルや酵素がそのまま生きてます。

【ビワ茶無憂扇】

びわ茶・はと麦・はぶ茶・霊芝・あまちゃづる・よもぎ・枸杞（根皮を含まず）・柿葉・たら木（樹皮・根皮を含まず）・オタネニンジン等、10種類の天然素材をブレンドしたお茶。継続的に飲むことで生体内のバランスを整え、健康維持を助けます。煎じた後の袋は2・3袋ためてお風呂へ。温浴効果の高いビワ風呂を是非どうぞ。

【びわ葉エキス配合 健康ぶどう酢 ビワミン】

ぶどうの王様巨峰を木樽で発酵熟成させたワイン酢と天然醸造の米酢を主原料にビワの葉エキス、ビタミン、カルシウム、ハチミツ、ローヤルゼリー等を加え、各種成分の栄養バランスを考えて開発。生後3ヶ月児から高齢者まで、安心して美味しく飲めるアルカリ飲料の芸術品ともいわれる逸品。

おわりに

北大路魯山人の書に、『料理とは【理】ことわりを
【料】はかると』いう言葉があります。
料理は合理的でなくてはなりません。
ものの道理に合わないことではいけません。
料理というのは、どこまでも理を料ることで、
不自然な無理をしてはいけないのです。

戦後を境に日本人は自分たちの日本食を失いつつあります。
穀物菜食から肉食へと変化し体系も欧米人と変わらないほどに
スラっと手足も長くなり、うらやましい限りです。

外国ではどこもかしこも日本食がブーム。
それなのに日本では…。
本当にそれでよいのでしょうか。

平成最後の年、三十年に、『世界に誇れる日本食の伝承』
そして『健康で長生き』をテーマに、
NPO法人【食生活改善アカデミー】を創立しました。
『食べることは一生』『料理も生涯現役』
『人々が命尽きる瞬間まで、愛情のこもった健康家庭料理の
中で暮らす』、これが私の願いです。

中島カオル

料理教室にたくさんの方が毎日毎日、毎年毎年来られるのを二十年近く、ずっと近くで見てきました。

『〝教室に来るとお料理、頑張ろう〟って思うの』『お料理だけじゃなく〝生活の知恵〟先生のお話ひとつひとつに〝気づかし〟を感じるの』

『三十年通っているけど毎回必ず新しい発見があるの』『先生みたいになりたいの』など、おひと方おひと方の思いを常に感じています。

今回、【料理に対する考え方・思い、十二か月の料理のレシピ】に関する本を出版できることは私たちの望みでもありました。長年本の出版を心待ちにされていた皆様や、今後、この本を必要として下さる方のお役に立てることができたらと、楽しみでなりません。

『健全なる精神は、健全なる肉体に宿る』この言葉は中島カオル本人をまさしく証明している言葉であると思います。健康的な食生活を提唱している方々は数多く存在していますが、ここまできちんと根っから実践し続け、

尚且つ証明できる人間は少ないのでは…。と思います。

『体は何でできているの?』シンプルな問いかけに、教室では一瞬間があきます。**『食べ物と水でしょ。だから間違った食べ方をすると体はおかしくなって当然でしょ』**と。当たり前のことをきちんと私たちにわかるように語りかけます。そして私たちは思います。

『言うことを聞いていれば間違いはないのでは』と!

何を考えて料理に携わるかで、料理法も食べ方も全て変わります。人に伝えるという責任。ひとりでも多くの方に共感いただけたらと思います。

この度、念願の本の出版に際し、熱心に取材いただいた越智さん、料理撮影カメラマンの柳さん、長年教室に参加頂いている皆様、他多くの関係の皆様方にご協力をいただきました。皆様のお力添えに、心より感謝しております。

エルベ料理教室　スタッフ　室井 一美

著者プロフィール

中島カオル（なかじま かおる）

料理研究家、書道家
エルベ料理教室主宰
NPO 法人食生活アカデミー理事長
1942 年、岡山県高梁市成羽町で生まれる。
日本割烹学校卒業後、食養を世に広めた第一人者、桜沢如一氏の教えに感銘を受け、マクロビオティック料理法を久司道夫先生、久司アヴェリーヌ偕子に師事する。
日本の伝統文化、食文化や食生活改善による健康生活を提唱、啓蒙すべく、1988 年「エルベ料理教室」を創設。
現在は、神戸市（旧居留地）に拠点を置き、【食】がもたらす様々な影響、「なぜ食が大切か」「噛むことの大切さ」「食べる意味」などを含め、健康的で愛情のこもった家庭料理を研究指導。
2018 年、NPO 法人「食生活改善アカデミー」を立ち上げ、人々が命尽きる瞬間まで笑顔で元気に暮らせる社会を実現するため、食生活の改善と愛情のこもった健康手作り家庭料理の普及をさらにすすめるべく活動。

【主な出演番組・講演活動】
朝日 TV・関西 TV・TV 大阪にて料理番組に出演
毎日新聞「暮らしの情報館」/ 朝日新聞朝刊「手前味噌…」
読売 TV 「大阪の人って○○○？」秘密のケンミンショー出演
サンテレビ「週間 槇 洋介」 料理コーナー
「おふくろの味 この一品」約 5 年間にわたり出演
他、企業・学校・個人依頼による料理教室・講演を多方面で開催

http://www.elve.jp

家族をつなぐ　伝統をつなぐ　未来をつなぐ

『家庭料理の流儀』

2018年10月29日　第1刷発行

著　者　中島 カオル
編　集　室井 一美
発　行　アートヴィレッジ
〒657-0846 神戸市灘区岩屋北町3-3-18 六甲ビル
TEL 078-806-7230　FAX 078-806-7231
《受注センター》
〒657-0846 神戸市灘区岩屋北町3-3-18 六甲ビル
TEL.078-882-9305　FAX.078-801-0006
http://art-v.jp

定価はカバーに表示してあります。